회계 · 세무 힐링 시리즈 ②

관리회계의 이해

회계 · 세무 힐링 시리즈 ②

관리회계의 이해

문두철 | 박우진

신론사

제3판 머리말

초판이 나온 지 어느덧 3년이 지나갔다. 책을 수정하면서 어디까지를 수정하면 좋을지, 어떤 내용까지를 포함할지를 결정하는 것은 항상 어려운 일이다. 이번 3판에서는 초판에서 목표를 삼았던 독자들에게 도움이 되는 내용만을 담고 가기로 결정하였다.

또한 그동안 기업이나 학교에서 강의를 하면서 몇 군데 오류들을 발견하였는데, 3판에서는 이러한 오류들을 수정 보완하여 책의 완성도를 높이는 데 집중하였다.

이 책이 기업인, 수험생, 공무원, 학생들, 그리고 원가마인드가 필수인 경제활동을 하는 모든 사람들에게 더욱 유용한 책이 될 수 있었으면 한다.

2017년 10월

저자 일동

머리말

대부분의 사람은 회계나 세법에 대하여 거부감을 가지고 있다. 이는 대학교 시절 이해를 바탕으로 하지 않고, 암기에 의존한 공부를 했던 경험으로 인해 기인하였을 것이다. 하지만 오늘날 경제활동이 주를 이루는 사회에서는 세법을 아는 사람과 모르는 사람은 능력에 있어서 엄청난 차이가 있다. 자신이 기업에서 회계나 세법 담당이 아니라고 하여 이 분야를 몰라도 된다고 판단한다면, 21세기를 살아가기에는 부적합한 사람으로 판단된다. 관리회계를 이해하여 물건의 원가 구성을 파악하여, 원가를 절감하거나 합리적인 가격을 책정(혹은 예측)하는 것은 기업이나 개인에게 모두 필요하다. 개인에게는 합리적인 소비를 위한 필수적인 지식일 것이다. 하지만 시중에 있는 두꺼운 원가·관리회계책들을 보면 열기도 전에 주눅이 들게 마련이다. 그리고 책 속의 내용을 보면 더욱 좌절하였던 경험이 있을 것이다.

본 저자들은 회계나 세법에 관심이 있는 사람이면 누구나 읽고 이해할 수 있게 그리고 그동안 대학이나 사회에서 회계·세법으로부터 받은 상처를 치료한다는 의미로 '회계·세무 힐링시리즈 관리회계' 편을 출간하였다.

이 책은 아래 유형의 독자들에게 유용할 것이다.

첫째, 원가·관리회계를 처음 이해하고자 했으나, 기존을 책을 보고 힘들어 했었던 일반인.

둘째, 기업이나 공장에서 원가·관리회계 실무를 담당하고 있지만 업무가 왜 이렇게 처리되는지 이해하지 못하는 담당자.

셋째, 공인회계사나 세무사 공부를 시작하였으나, 원가 · 관리회계의 전체적인 틀을 갖추지 못한 수험생.

또한, 이 책은 대학에서 열리는 원가 · 관리회계 강의에서도 교재로 사용될 수 있게 가능한 원가 · 관리회계의 기본적인 모든 내용을 담고 있다. 따라서 각 대학에서도 교양관리회계나 원가 · 관리회계 수업에 널리 활용될 수 있을 것이다.

이 책이 독자 여러분이 기업의 전략과 개인의 인생전략을 세울 때 좀 더 효과적이고 효율적인 전략을 세우고 실천하는 데 많은 도움이 되었으면 한다.

2014년 6월

저자 일동

목차

PART 2 제품원가계산

PART 3 경영계획 및 의사결정

Part 1

원가·관리회계의 기초

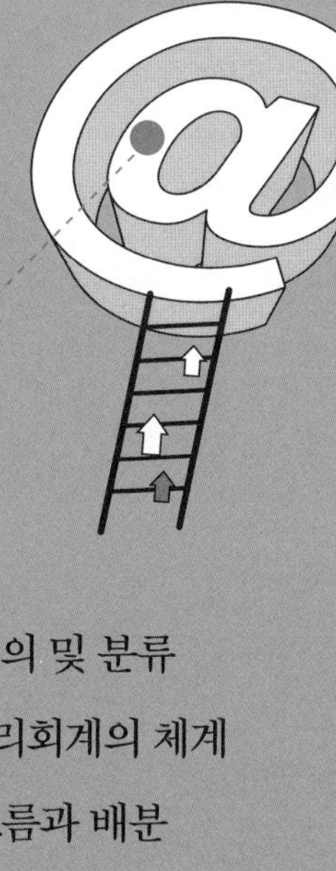

1. 회계의 정의 및 분류
2. 원가 · 관리회계의 체계
3. 원가의 흐름과 배분

1 회계의 정의 및 분류

(1) 회계의 정의

회계는 기업과 관련된 다수의 회계정보이용자들이 그들에게 필요한 합리적 판단이나 의사결정을 할 수 있도록 기업에 관한 유용한 정보를 제공하는 과정이다. 회계가 대상으로 하는 기업과 관련된 회계정보이용자는 아래의 〈그림 1-1〉과 같이 다양한데 이들은 서로 다른 의사결정을 위해 기업의 회계정보를 이용한다.

그림 1-1
기업의 회계정보이용자

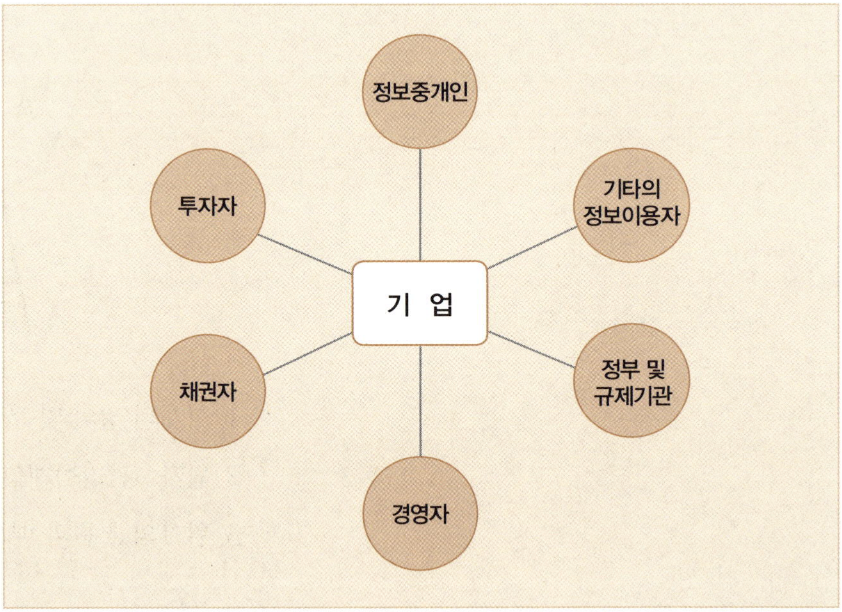

회계정보이용자들은 투자자, 채권자, 경영자, 정부 및 규제기관, 정보중개인, 기타의 정보이용자 등으로 구분할 수 있다. 이들은 그들만의 다양한 의사결정을 위해 기업에 대한 회계정보를 필요로 하게 된다.

① 투자자

투자자는 회계정보의 주된 이용자이며 개인투자자와 기관투자자 모두를 포함한다. 투자자는 기업의 주식이나 채권을 구입할지 여부와 기존 증권(주식이나 채권)을 계속 보유할지 아니면 처분할지에 대한 의사결정을 하며 이러한 의사결정과정에서 회계정보를 이용한다.

② 채권자

채권자는 기업에 자금을 대여하여 법적 채권을 가진 자를 말한다. 채권자는 기업의 재무상태와 경영성과를 분석하여 대여한 자금의 이자지급능력과 원금의 회수가능성을 평가한다. 따라서 기업의 회계정보는 채권자의 자금대여 여부, 자금대여 기간, 이자율 등을 산정하는 과정에서 중요한 영향을 미칠 수 있다.

③ 경영자

경영자는 회계정보의 제공자인 동시에 이용자에 해당한다. 경영자는 경영계획을 수립하거나 기업을 통제하는 과정에서 회계정보를 필요로 한다. 예를 들면, 매출순이익률, 총자산이익률을 기초로 기업의 목표를 설정하거나 기업 내의 각 부문의 성과를 평가하는 과정에서 회계정보를 면밀히 분석하고 적극적으로 활용한다.

④ 정부 및 규제기관

정부 및 규제기관은 조세정책을 수립하여 세원(예: 법인세, 부가가치세, 소득세, 취득세 등)를 확보하거나 공공요금(예: 전기요금, 전화요금, 지하철 요금 등)의 책정 등과 같이 공공의 복리를 증진시킬 목적으로 기업의 회계정보를 이용한다.

⑤ 정보중개인

정보중개인은 재무분석가, 신용평가기관 등과 같이 기업의 정보를 수집하고 분석하여 이해하기 쉬운 형태의 정보로 회계정보이용자에게 제공한다. 현대사회에는 다양하고 광범위한 회계정보로 인하여 이를 알기 쉽고 적절하게 분석하는 전문적인 기술이 필요로 하게 된다. 따라서 현대사회에는 정보중개인의 역할은 커지고 있으며 이들에 의한 회계정보의 수요도 증대하고 있다.

⑥ 기타의 정보이용자

기타의 정보이용자로 종업원, 공급자, 고객 등이 있다. 종업원은 임금인상의 가능성과 기업의 성장성 및 안정성 등에 대한 정보를 얻기 위해 회계정보를 요구하고 있다. 또한 공급자는 기업에 제공한 재화 또는 용역의 대가를 결정하거나 대금의 회수가능성을 평가하는 과정에서 회계정보를 필요로 한다. 뿐만 아니라 고객은 본인들이 구입한 재화의 보증기간, 하자보수가능성 등을 평가하기 위해 기업의 회계정보를 통하여 기업의 존속가능성에 대한 정보를 얻게 된다.

(2) 회계의 분류

기업의 회계정보를 이용하는 정보이용자는 투자자, 채권자, 경영자, 정부 및 규제기관, 정보중개인, 기타의 정보이용자 등으로 구성되어 있는데 이들은 크게 아래의 〈그림 1-2〉과 같이 기업의 내부정보이용자와 외부정보이용자로 분류할 수 있다.

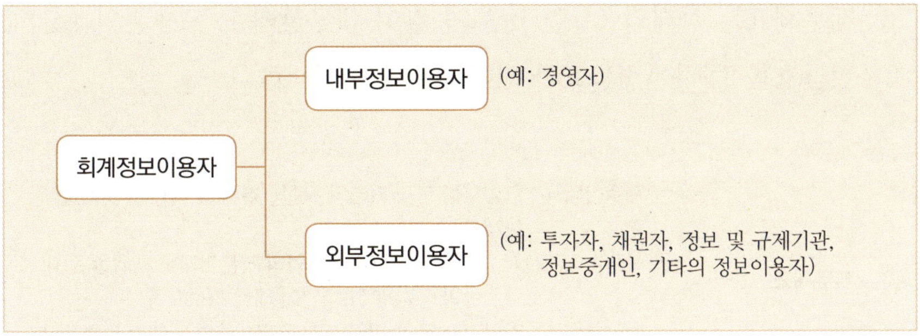

그림 1-2
회계정보이용자의 분류

위의 〈그림 1-2〉를 보면 경영자는 회계정보를 기업의 내부에서 이용하는데 반해 투자자, 채권자, 정부 및 규제기관, 정보중개인, 기타의 정보이용자 등은 회계정보를 기업의 외부에서 이용하고 있다. 회계는 기업의 회계정보를 이용하는 대상자에 따라 아래의 〈표 1-1〉과 같이 재무회계와 원가 · 관리회계로 구분된다.

표 1-1
재무회계와 원가·관리회계의 구분

구분	재무회계	원가 · 관리회계
목적	회계정보이용자의 의사결정에 유용한 정보제공	
보고대상	외부정보이용자	내부정보이용자
보고수단	재무제표	다양함
작성원칙	GAAP	없음
작성범위	범위가 넓고 객관적임	범위가 좁고 주관적임

① 재무회계

기업의 외부정보이용자(예: 투자자, 채권자, 정부 및 규제기관, 정보중개인, 기타의 정보이용자 등)의 합리적인 판단과 의사결정에 유용한 정보를 제공할 것을 목적으로 하는 회계이다. 재무회계는 다음과 같은 특성을 지니고 있다.

a. 재무회계는 '재무제표'라는 보고수단을 활용하여 기업의 회계정보를 외부정보이용자에게 제공한다. 재무제표(financial statements)는 기업의 경제적 자원과 그 자원에 대한 청구권 및 이들의 변동을 일정한 양식에 따라 나타낸 것이다.

b. 재무제표는 아래의 〈그림 1-3〉과 같이 재무상태표, 포괄손익계산서, 현금흐름표, 자본변동표가 있다.

그림 1-3

재무제표

재무제표
- 재무상태표 : 일정시점 현재 기업의 자산 · 부채 및 자본에 대한 정보제공
- 포괄손익계산서 : 일정기간 동안 주주와의 자본거래를 제외한 순자산의 증감과 그 내역에 대한 정보제공
- 현금흐름표 : 일정기간 동안 기업의 현금 유 · 출입에 대한 정보제공
- 자본변동표 : 일정시점 현재 기업의 자본 크기와 일정기간 동안 기업의 자본변동에 관한 정보제공

c. 재무제표는 보고대상이 다양하기 때문에 재무제표의 이해가능성을 높이고 기업 간의 비교가능성을 제고하고자 '일반적으로 인정된 회계원칙 (GAAP: generally accepted accounting principle)'에 따라 작성된다.

d. 재무회계는 다양한 외부정보이용자의 각기 다른 의사결정을 목적으로 작성되므로 작성범위가 전체적이며 포괄적이기 때문에 '일반목적 재무보고(general purpose of financial reporting)'라고도 한다.

② 원가 · 관리회계

기업의 내부정보이용자인 경영자의 합리적인 판단과 의사결정에 유용한 정보를 제공할 것을 목적으로 하는 회계이다. 원가 · 관리회계는 다음과 같은 특성을 지니고 있다.

a. 원가 · 관리회계는 내부정보이용자인 경영자의 관리적 의사결정에 유용한 정보를 제공할 것을 목적으로 하기 때문에 일정한 보고수단이나 작성원칙은 존재하지 않는다.

b. 원가 · 관리회계는 경영자의 관리적 의사결정과 관련된 정보를 제공하기 때문에 재무회계보다 작성범위가 좁으며 주관성이 강하며 미래 추정적인 정보를 담고 있는 경우가 많다.

2 원가 · 관리회계의 체계

원가 · 관리회계는 제품원가를 계산하는 '원가회계'와 경영자의 경영계획 및 통제 등 관리적 측면을 목적으로 하는 '관리회계'로 구분된다. 아래의 〈그림 2-1〉은 원가회계와 관리회계의 체계를 나타낸 것이다.

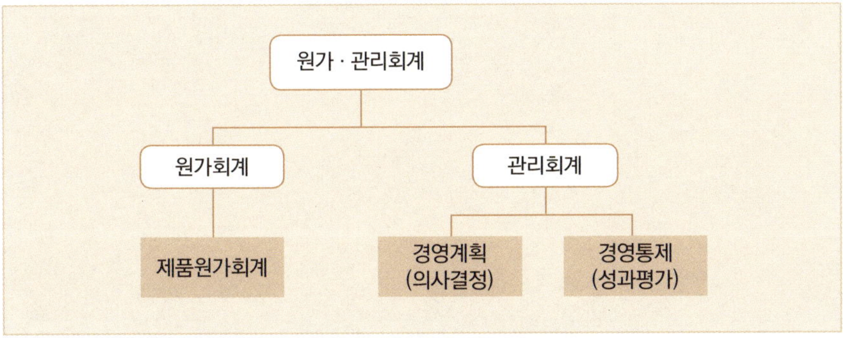

그림 2-1
원가회계와 관리회계간의 관계

위의 〈그림 2-1〉에서 알 수 있듯이 원가회계는 외부에 공표할 재무제표를 작성하거나 경영자의 의사결정에 필요한 원가자료를 집계 · 배분 · 분석을 목적으로 한다. 예를 들면, 제조기업의 경우 (예: 자동차 제조업체, 선박 제조업체 등) 경영자는 제품원가를 복잡한 과정을 통해 산출하는데 그러한 과정에서 원가회계는 제품의 원가자료 (예: 재료원가, 노무원가, 경비 등)를 집계하거나 배분 또는 분석하는데 도움을 준다. 또한 원가회계는 의사결정, 예산편성 등 경영자의 경영계획의 수립이나 기업 내 각 부문의 성과를 평가하는 과정에서 필요한 원가자료를 제공한다.

한편, 관리회계는 경영자의 경영계획수립 또는 의사결정을 보조하거나 성과평가를 위한 경영통제를 목적으로 한다. 경영자는 경영의사결정을 수행하기 위해 다양한 경영계획을 수립하고 실제 경영성과와 경영계획에 의해 설정된 예상 경영성과를 비교 · 분석함으로써 경영계획이 원활히 진행되도록 통제한다. 경영자는 위와 같이 경영관리를 효율적으로 수행하기 위해 유용한 회계정보를 필요로 하게 되며 관리회계는 경영자의 경영계획수립과 경영통제를 위한 다양한 회계정보를 제공한다.

3 원가의 흐름과 배분

(1) 원가의 개념

일반적으로 원가(cost)란 '어떤 재화나 용역을 얻기 위해 투입한 경제적 자원을 화폐가치로 평가한 것'을 말한다. 제조기업의 경영활동에서 발생한 원가를 크게 구분하면 아래의 〈그림 3-1〉과 같이 제조원가와 비제조원가로 분류할 수 있다.

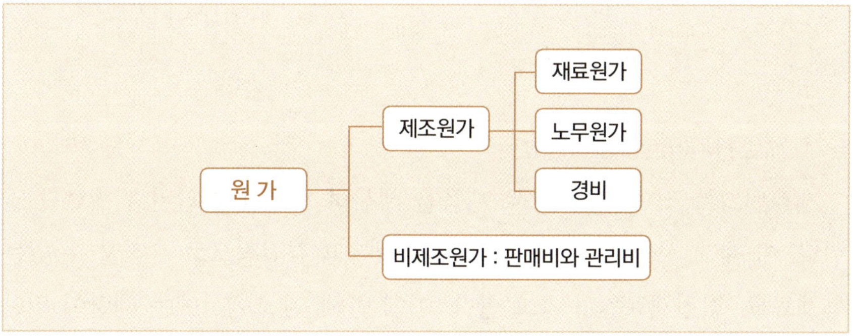

그림 3-1
원가의 분류

원가는 위의 그림에서 알 수 있듯이 제조활동과의 관련성에 따라 제조원가와 비제조원가로 구분된다. 제조원가는 제품생산에 직접적으로 관련된 원가이며, 제조과정에 투입된 경제적 자원의 특성에 따라 재료원가(material cost), 노무원가(labor cost) 및 경비(overhead cost)로 분류된다. 한편, 비제조원가는 일반적으로 판매비와 관리비를 의미하며, 제조활동과는 직접적인 연관이 없는 원가인 판매원의 급여, 판매부서의 운영비, 사무용 소모품비 등을 말한다.

(2) 제조원가의 분류

기업은 각종 경제적 자원을 희생하여 제품을 생산하는데 이러한 제조과정에서 희생된 자원을 제조원가라고 한다. 즉, 제조원가란 제품을 획득하기 위해서 투입된 경제적 자원이라고 할 수 있다. 일반적으로 제조원가는 제조과정에 투입된 경제적 자원의 특성에 따라 아래의 〈그림 3-2〉와 같이 재료원가, 노무원가 및 경비로 구분될 수 있다.

그림 3-2
제조원가의 분류

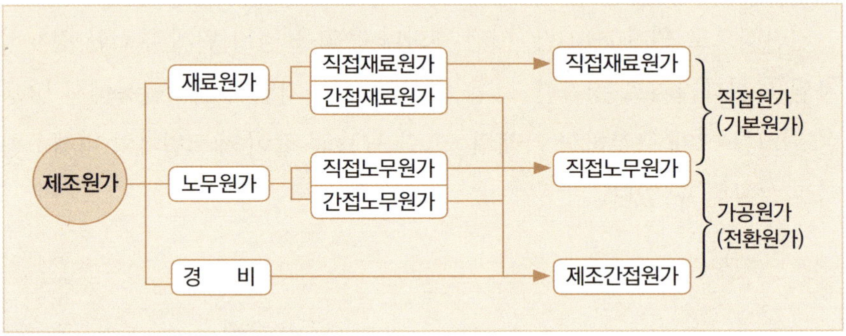

① 재료원가(material cost)

재료원가는 직 · 간접적으로 제품을 생산하기 위해 투입된 원재료를 말한다. 이 때 특정 제품의 생산에 투입되었다고 직접적으로 추적할 수 있는 원재료를 '직접재료원가'라고 한다. 이에 반해, 제조원가에는 해당이 되나 특정 제품에 직접적으로 추적할 수 없거나 추적하는 것이 비효율적인 재료원가를 '간접재료원가'라고 한다. 예를 들면, 자동차 생산 공장에서 투입된 철판, 타이어 등 특정 제품의 생산에 투입된 원재료 사용분은 직접재료원가가 된다. 이에 반해 자동차 생산 공장에서 볼트, 너트, 페인트 등의 사용분은 특정 제품의 생산에 직접적으로 추적할 수 없거나 추적하는 것이 비효율적이기 때문에 간접재료원가에 해당한다.

② 노무원가(labor cost)

노무원가는 직 · 간접적으로 제품을 생산하기 위해 투입된 생산직 근로자의 급여를 말한다. 노무원가 중 특정 제품에 직접적으로 추적할 수 있는 급여를 '직접노무원가'라고 하며 생산에 투입된 노동력 중 특정 제품에 직접적으로 추적하는 것이 불가능하거나 추적하는 것이 비효율적인 노무원가를 '간접노무원가'라고 한다. 예를 들면, 자동차의 조립공정에 투입된 근로자 등 특정 제품의 생산에 투입된 근로자에게 지급되는 급여는 직접노무원가에 해당한다. 이에 반해, 자동차 공장의 생산직 근로자를 감독하는 관리자에 대한 급여는 특정 제품의 생산에 직접적으로 추적할 수 없거나 추적하는 것이 비효율적이기 때문에 간접노무원가에 해당한다.

③ 경비(overhead costs)

경비는 제품을 생산하기 위해 투입된 재료원가와 노무원가를 제외한 모든 제조원가를 말한다. 따라서 경비의 항목은 매우 다양한데 그 예로는 공장 · 기계장치 감가상각비, 전기료, 수도료, 보험료, 소모품비, 공장관리비 등이 있다.

제조원가 중 간접재료원가, 간접노무원가 및 경비를 합하여 제조간접원가라고 한다. 또한 제조원가 중 직접재료원가와 직접노무원가는 특정 제품의 생산과 직접적으로 관련이 있고 제품생산에 기본이 되는 원가이기 때문에 직접원가(direct cost) 또는 기본원가(prime cost)라고 한다. 직접노무원가와 제조간접원가를 '가공원가(processing cost) 또는 전환원가(conversion cost)'라고 하는데, 이는 직접재료원가를 가공하여 제품으로 전환하는데 소요되는 원가이기 때문이다.

(3) 원가의 흐름

아래의 〈그림 3-3〉은 제조기업의 원가흐름을 나타낸 것이다.

그림 3-3
제조기업의 원가흐름

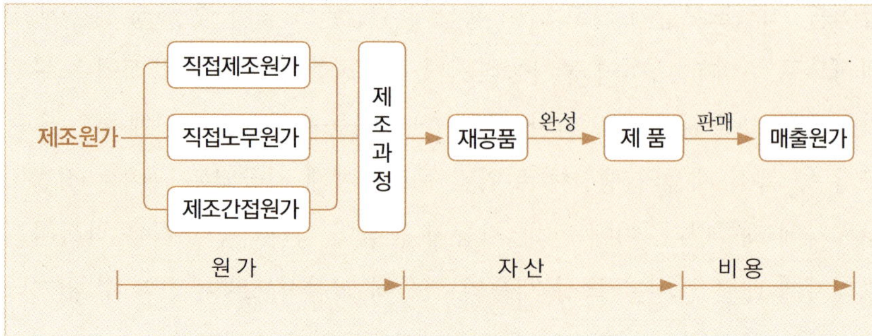

위의 그림에서 보듯이 기업들은 직접재료원가에 가공원가인 직접노무원가와 제조간접원가를 투입하여 제품을 완성한다. 이때 제품을 생산하는 과정에서 발생한 제조원가 중 아직 제품으로 완성되지 않은 원가를 재공품이라고 한다. 즉, 모든 제조원가(직접재료원가, 직접노무원가, 제조간접원가)는 재공품을 거쳐 제품으로 완성된다. 이후 제조가 종료한 제품이 고객에게 판매되면 해당 제품은 매출원가라는 비용으로 포괄손익계산서에 기록된다.

(4) 원가계산 절차

제조기업은 아래의 〈그림 3-4〉과 같이 원가의 흐름에 따라 제품원가를 산정하고 기간손익을 결정한다. 일반적으로 기간손익을 결정하는 순서는 당기 총제조원가의 집계, 당기 제품제조원가의 계산 및 매출원가를 산정하는 과정으로 진행된다.

그림 3-4
원가계산의 절차

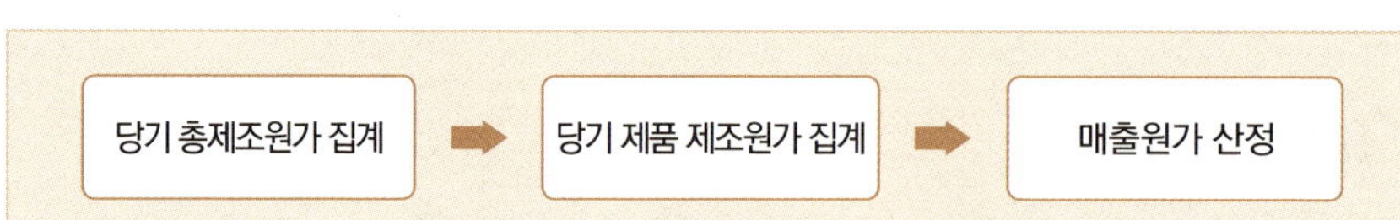

구체적인 원가계산의 절차를 다음의 〈사례 3-1〉을 통해 살펴본다.

사례 3-1

아래는 (주)종현의 20×9 보고기간말의 제조원가명세서와 손익계산서에서 얻은 자료이다.

항 목	금 액	항 목	금 액
기초 직접재료원가 재고액	₩10,000	기말 직접재료원가 재고액	₩20,000
기초 재공품 재고액	40,000	기말 재공품 재고액	20,000
기초 제품 재고액	100,000	기말 제품 재고액	50,000
당기 직접재료원가 매입액	150,000	당기 직접노무원가 발생액	200,000
당기 제조간접원가 발생액	50,000		

① 당기 총제조원가의 집계

당기 총제조원가는 당기에 생산과정에 투입된 모든 제조원가를 의미한다. 따라서 아래와 같이 직접재료원가, 직접노무비원가 및 제조간접원가의 합으로 구성된다.

> 당기 총제조원가 = 직접 재료원가 + 직접 노무원가 + 제조간접원가

직접재료원가는 특정 제품을 생산하기 위해 당기에 제조과정에 투입된 원재료로써 다음과 같이 기초 직접재료원가 재고액에 당기 직접재료원가 매입액을 가산하고 기말 직접재료원가 재고액을 차감하여 산정한다.

> 직접 재료원가 = 기초 직접재료원가 재고액 + 당기 직접재료원가 매입액
> − 기말 직접재료원가 재고액

〈사례 3-1〉과 같이 기초 직접재료원가 재고액 ₩10,000, 당기 직접재료원가 매입액 ₩150,000, 기말 직접재료원가 재고액이 ₩20,000이라면 당기의 직접재료원가는 ₩140,000 (=₩10,000+₩150,000−₩20,000)이 된다.

직접노무원가는 특정 제품을 생산하기 위해 당기의 제조과정에 투입된

생산직 근로자의 급여를 의미하며 당기에 기업이 실제로 근로자에게 지급한 금액뿐만 아니라 기말까지 근로자에게 지급하지 못한 미지급급여를 포함한다. 〈사례 3-1〉에서 직접노무원가는 ₩200,000이 된다.

제조간접원가는 직접재료원가, 직접노무원가를 제외한 당기에 실제로 발생한 간접재료원가, 간접노무원가 및 경비(예: 공장 · 기계장치의 감가상각비, 보험료, 수선비, 공장의 운영비, 전력비, 관리비 등)를 말한다. 〈사례 3-1〉에서 제조간접원가는 ₩50,000이 된다.

따라서 〈사례 3-1〉에서 당기 총제조원가는 아래의 〈그림 3-5〉와 같이 ₩390,000(=₩140,000+₩200,000+₩50,000)이 된다.

그림 3-5
당기 총제조원가

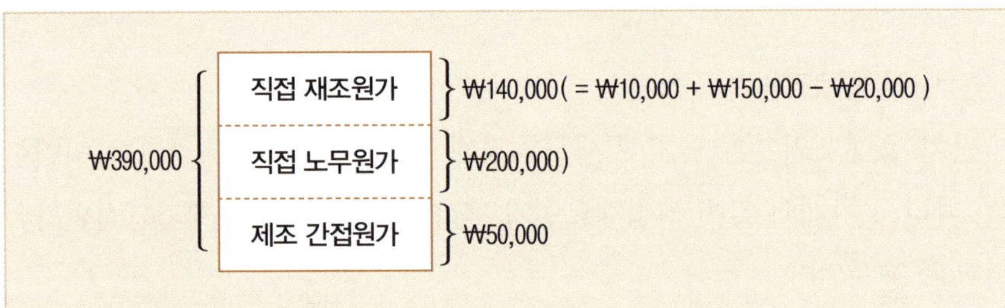

② 당기 제품제조원가의 계산

당기 제품제조원가는 당기에 제조과정에 투입된 제품원가 중 완성된 제품의 원가를 말한다. 따라서 당기 제품제조원가는 아래와 같이 기초 재공품 재고액에 당기 총제조원가를 가산하고 기말 재공품 재고액을 차감하여 계산한다.

당기 제품 제조원가 = 기초 재공품 재고액 + 당기 총제조원가 − 기말 재공품 재고액

〈사례 3-1〉에서 당기 제품제조원가는 아래의 〈그림 3-6〉과 같이 ₩410,000(=₩40,000+₩390,000−₩20,000)이 된다.

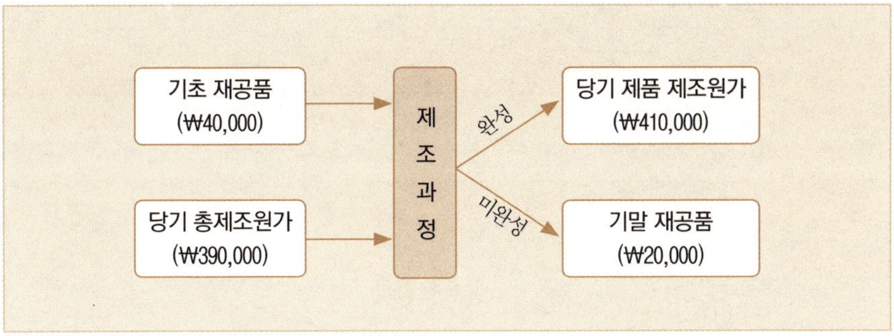

그림 3-6
당기 제품제조원가

③ 매출원가의 산정

매출원가는 당기에 판매과정을 통해 고객에게 판매된 제품의 원가를 말한다. 따라서 아래와 같이 기초 제품 재고액에 당기 제품제조원가를 가산하고 기말 제품 재고액을 차감하여 산정한다.

매출원가 = 기초 제품 재고액 + 당기 제품제조원가 − 기말 제품 재고액

〈사례 3-1〉에서 매출원가는 아래의 〈그림 3-7〉과 같이 ₩460,000 (=₩100,000+₩410,000−₩50,000)이 된다.

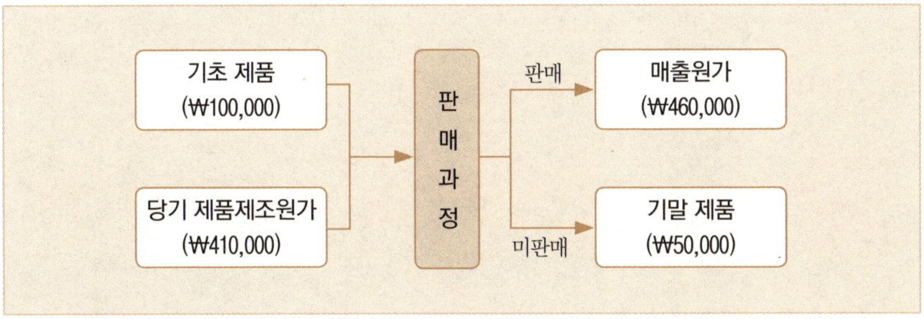

그림 3-7
매출원가

Part 2

제품원가계산

4. 개별원가
5. 종합원가
6. 결합원가
7. 변동원가
8. 활동기준원가
9. 전략적 원가관리

4 개별원가

(1) 의의

개별원가계산은 제품의 종류와 형태가 다양한 개별적인 품목들의 제품원가를 개별작업별로 집계하여 계산하는 방법이다. 따라서 개별원가계산은 조선업, 건설업, 비행기 생산업 등과 같이 고객들의 개별적인 요구에 따라 제품을 생산하는 업종에 적합한 원가계산방법이다.

개별원가계산을 사용하는 제품들은 대부분 품질, 규격, 형태 등이 다양하며 생산량도 서로 다르기 때문에 아래의 〈그림 4-1〉과 같이 제품원가를 각각의 개별 작업별로 구분하여 계산하게 된다. 예를 들면, 수송기, 여객기, 전투기를 1기씩 주문받은 비행기 생산업체의 경우 각각의 비행기가 하나의 작업이 되어 개별 작업별로 제품원가를 계산하게 된다.

그림 4-1 개별원가의 계산방법

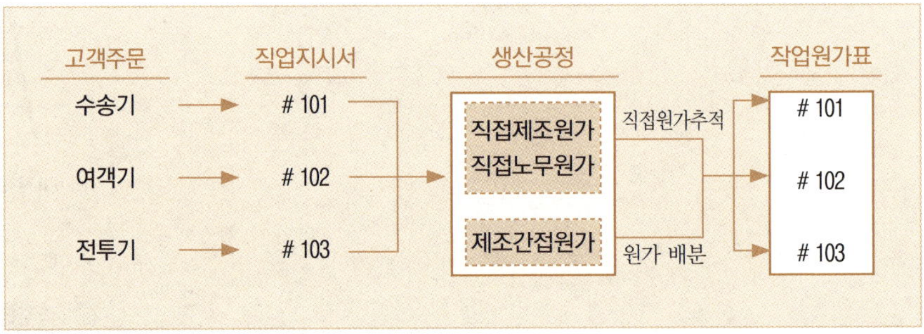

고객이 특정한 제품을 주문하면 생산부문은 제품을 생산하기 위해 작업지시서(production order)를 작성하여 생산현장에 지시하게 된다. 따라서 작업지시서에 따라 작업이 수행되면 각 작업별 제조원가를 집계하고 계산하기 위해 아래의 〈그림 4-2〉과 같은 작업원가표(job-cost sheet)가 작성된다.

작업번호 #101　　　　　　　　시작일 20×9. 1. 1.
품목 수송기　　　　　　　　　완성일 20×9. 10. 18.
생산량 1기

일자	직접재료원가		직접노무원가		제조간접원가	계
	수 량	단 가	작업시간	임률		
20X9. 1. 1						
1. 3						
2. 8	·					
2.11						
⋮						

그림 4-2
작업원가표

개별원가계산은 개별 작업별로 제품원가가 집계되어 계산이 이루어지기 때문에 각각의 개별 작업별 직접재료원가, 직접노무원가 및 제조간접원가의 산정이 매우 중요하다. 작업원가표에 기록되는 제조원가 중 직접원가인 직접재료원가와 직접노무원가는 개별 작업에 직접적으로 추적이 가능하므로 발생한 원가를 개별 작업에 직접 부과하면 된다. 그런데, 특정 개별작업에 직접적으로 추적이 불가능하거나 추적하는 것이 비효율적인 제조간접원가는 일정한 기준에 따라 각 개별작업에 배부하게 된다.

따라서 개별원가계산은 제조간접원가의 배부방법에 따라 아래의 〈그림 4-3〉과 같이 실제개별원가계산과 정상계별원가계산으로 구분된다.

그림 4-3
개별원가계산의 종류

실제개별원가계산은 모든 제조원가인 직접재료원가, 직접노무원가 및 제조간접원가를 실제발생액을 기준으로 제품에 배부하는 방법이다. 이에 반해, 정상개별원가계산은 직접재료원가와 직접노무원가는 실제 발생액을 기준으로, 제조간접원가는 사전에 기업에서 설정한 예정배부율을 기준으로 제품에 배부하는 방법이다. 이에 대한 구체적 설명은 추출하도록 한다.

(2) 실제개별원가

① 개념

실제개별원가계산은 아래의 〈그림 4-4〉와 같이 각 개별작업별로 직접원가(직접재료원가, 직접노무원가)와 제조간접원가를 구분하여 집계하고 기말에 집계된 제조간접원가를 각 개별작업에 배부하여 당기총제조원가와 기말 재공품원가를 산정하는 방법이다. 예를 들면, 수송기는 기말 현재 완성되었고 여객기와 전투기가 기말 현재 생산과정에 있는 경우수송기에 집계된 제조원가는 당기총제조원가가 된다. 이에 반해, 여객기와 전투기에 집계된 제조원가는 기말 재공품원가가 되는 것이다.

그림 4-4
개별원가계산의 절차

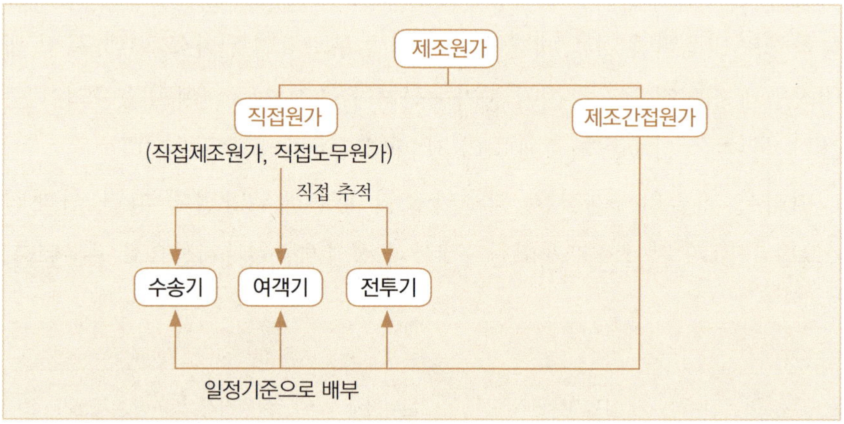

② 제조간접원가의 배부

제조간접원가는 다양한 제품을 생산하기 위해 여러 개별작업에서 공통적으로 발생한 제조원가이기 때문에 기말에 적합한 배부기준에 따라 각 개별작업에 배분한다. 제조간접원가는 크게 〈그림 4-5〉와 같이 생산량에 비례하여 변동하는 변동제조간접원가(variable overhead cost)와 생산량과 관계없이 일정하게 발생하는 고정제조간접원가(fixed overhead cost)로 구분된다.

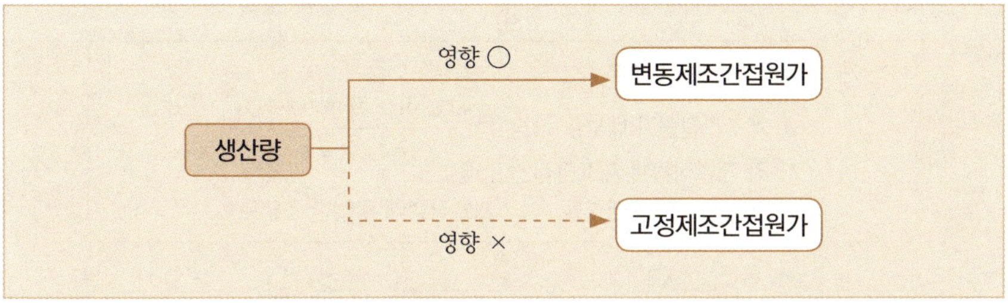

그림 4-5
제조간접원가의 구분

변동제조간접원가는 간접재료원가, 간접노무원가, 소모품비 등과 같이 생산량이 증가하면 비례적으로 증가하는 제조간접원가이다. 이에 반해, 고정제조간접원가는 공장 · 기계장치의 감가상각비, 공장의 운영비 · 전력비 · 관리비 등과 같이 생산량의 증감과는 상관없이 비교적 일정하게 발생하는 제조간접원가이다.

제조간접원가는 아래와 같이 일반적으로 조업도(capacity)를 기준으로 배부하게 된다.

제조간접원가 배부율 = 실제 발생 제조간접원가 ÷ 조업도

'조업도'란 기업이 보유하고 있는 노동, 설비 등의 생산능력을 말한다. 예를 들면, 직접 노동시간, 직접 노무원가, 기계가동시간 등이 조업도로 사용될 수 있다. 기업들은 제조간접원가와 높은 관련성이 있고 실무적용의 용이성 등을 고려하여 가장 합리적이라고 판단되는 조업도를 선택해야 한다.

③ 실제개별원가의 계산절차

제조기업은 아래의 〈그림 4-6〉과 같이 세 단계를 거쳐 개별원가계산에 의한 당기제품제조원가를 산정한다.

그림 4-6

실제개별원가의 계산절차

1단계	**직접원가**(직접제조원가와 직접노무원가) **집계**
2단계	**제조간접원가 배부** ① 제조간접원가 배부율 산정 = $\frac{\text{실제 발생 제조간접원가}}{\text{실제 조업도}}$ ② 각 개별직업별 제조간접원가 배부 제조간접원가 배부율 × 각 개별작업에 투입한 조업도
3단계	**제품원가계산** 직접재료원가 + 직접노무원가 + 배부된 제조간접원가

구체적인 원가계산의 절차를 다음의 〈사례 4-1〉을 통해 살펴본다.

사례 4-1

아래는 (주)명미는 주문에 의한 제품생산을 하고 있는 비행기 생산업체이다. 20×9년 중 수송기와 여객기를 완성하여 주문자에게 인도하였고, 20×9년말 미완성된 전투기가 있다. (주)명미는 수송기, 여객기, 전투기 이외의 제품주문은 없었다고 가정한다. 또한 다음은 20×9년의 실제 원가자료이며, (주)명미는 제조간접원가를 직접노무시간에 따라 배부한다.

구분	수송기	여객기	전투기	합 계
직접재료원가	₩150	₩200	₩160	₩510
직접노무원가	60	80	40	180
직접노무시간	200시간	500시간	300시간	1,000시간
제조간접원가				₩1,000

a. 직접원가의 집계

직접원가는 당기에 생산과정에 투입된 직접재료원가와 직접노무원가의 합으로 구성된다.

직접원가 = 직접재료원가 + 직접노무원가

위의 〈사례 4-1〉과 같이 수송기, 여객기 및 전투기의 직접원가는 각각 ₩210(=₩150+₩60), ₩280(=₩200+₩80), ₩200(=₩160+₩40)이 된다.

b. 제조간접원가의 배부

〈사례 4-1〉에서 당기에 발생한 제조간접원가는 ₩1,000이며, (주)명미가 직접노무시간을 기준으로 제조간접원가를 배부하므로 제조간접원가 배부율은 1(₩/직접노무시간)이 된다. 따라서 수송기, 여객기 및 전투기에 배부되는 제조간접원가는 각각 ₩200(=₩1×200시간), ₩500(=₩1×500시간), ₩300(=₩1×300시간)이 된다.

c. 당기제품제조원가의 계산

당기제품제조원가는 당기에 완성된 개별작업의 직접원가와 배부된 제조간접원가의 합으로 구성된다.

당기제품제조원가 = 직접재료원가 + 직접노무원가 + 배부된 제조간접원가

아래의 〈그림 4-7〉과 같이 〈사례 4-1〉의 수송기와 여객기는 당기에 완성되었기 때문에 당기제품제조원가는 각각 ₩410(= ₩150 + ₩60 + ₩200), ₩780(= ₩200 + ₩80 + ₩500)이 된다. 한편, 전투기는 당기에 미완성되었기 때문에 기말재공품원가는 ₩500(= ₩160 + ₩40 + ₩300)이 된다.

그림 4-7

당기제품제조원가

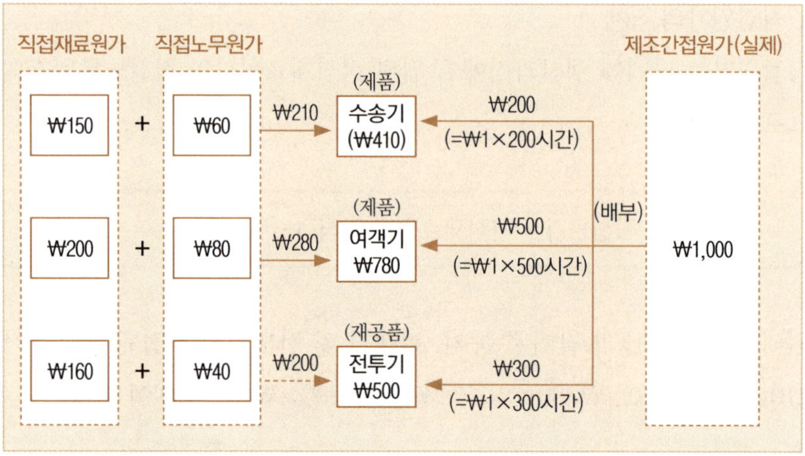

(3) 정상개별원가

① 개념

실제개별원가계산을 수행하는 경우 직접원가(직접재료원가와 직접노무원가)는 개별작업에 직접적으로 추적할 수 있기 때문에 발생하는 시점에 각 개별작업에 집계하여 제품에 배부할 수 있다. 그러나 제조간접원가(예: 공장 · 기계장치의 감가상각비, 공장의 운영비 · 전력비 · 관리비 등)는 개별작업에 직접적으로 추적할 수 없기 때문에 일정 기간(예: 월, 분기, 연 등)까지 집계한 뒤 경영자가 설정한 적절한 기준에 따라 각 제품에 배부한다. 따라서 실제개별원가에 의해 제품원가를 계산하는 경우 일정 기간 동안 각 개별작업에 의해 수행된 제품의 원가를 알 수 없게 된다. 이로 인해, 경영자는 판매가격 결정 등과 같은 경영의사결정을 수행하는 경우 어려움을 겪게 된다. 또한 실제개별원가계산은 실제로 발생한 제조간접원가를 제품에 배부하기 때문에 동일한 제품이라 하더라도 조업도에 따라 제품원가가 달리 산정되는 문제점을 안고 있다.

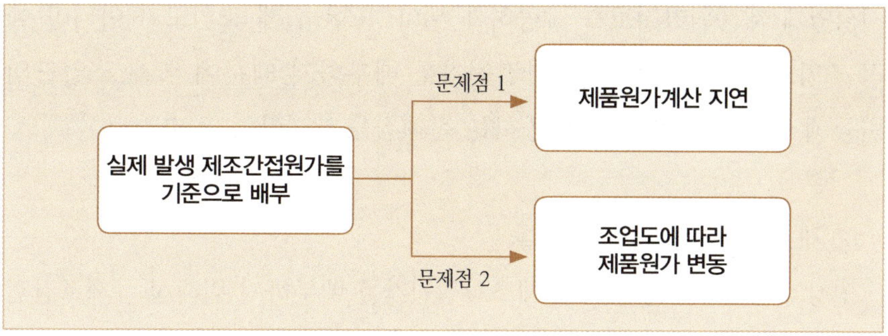

그림 4-8
실제개별원가 계산의 문제점

정상개별원가계산방법은 실제개별원가계산의 문제점인 제품원가계산의 지연과 조업도에 따른 제품원가의 변동성을 해결하기 위해 도입되었다. 즉, 정상개별원가계산은 아래의 〈그림 4-9〉와 같이 직접원가(직접재료원가와 직접노무원가)는 실제로 발생한 시점에 제품에 배부한다. 한편, 제조간접원가는 제품이 생산되기 전에 경영자가 미리 설정한 예정배부율에 따라 제품에 배부하게 된다. 예를 들어, 비행기 생산업체가 올해에 수송기, 여객기 및 전투기를 생산하는 경우 각 개별작업에 실제로 투입된 직접재료원가와 직접노무원가는 각 제품에 직접적으로 추적하여 배부하고 제조간접원가는 사전에 경영자가 설정한 예정배부율에 따라 각 제품에 배부하게 된다.

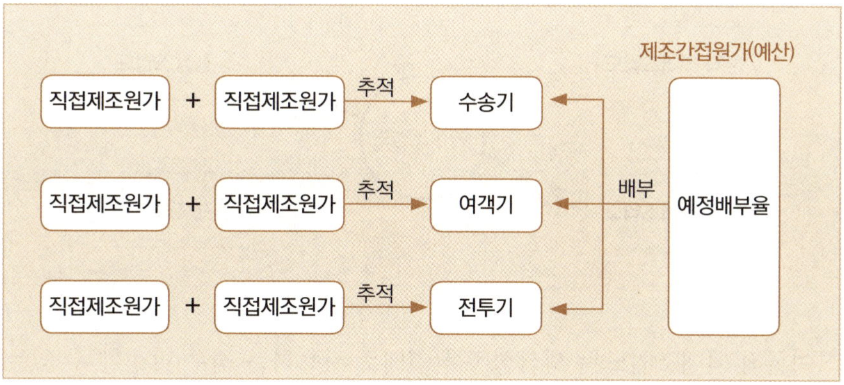

그림 4-9
정상개별원가 계산 방법

따라서 정상개별원가계산은 각 개별작업이 완료됨과 동시에 제품원가를 산정할 수 있어 경영자의 판매와 관련된 의사결정을 수행하는 경우 적시성있게 제품원가정보를 제공하게 된다. 또한 실제 조업도가 아니라 예정 조업도를 기준으로 제조간접원가를 배부하기 때문에 실제 조업도의 변동에 따라 제품원가가 변동하는 문제점을 해결할 수 있다.

② 제조간접원가의 예정배부율

정상개별원가계산에 의해 제조간접원가를 배부하기 위해서는 제조간접원가에 대한 예정배부율(predetermined rate of overhead cost)을 산정해야 한다. 예정배부율은 아래와 같이 경영자가 제조간접원가로 당해 연도 초에 설정한 예산금액을 당해 연도의 예상 조업도로 나누어 계산한다. 따라서 일반적으로 제조간접원가에 대한 예정배부율은 제품이 생산되기 전에 경영자가 연초에 사전적으로 결정하게 된다.

제조간접원가 예정배부율 = 제조간접원가 예산 ÷ 예상 조업도

예상 조업도는 아래의 〈그림 4-10〉과 같이 이론적 최대조업도(theoretical capacity), 실제적 최대조업도(practical capacity), 정상조업도(normal capacity), 연간 기대조업도(expected annual capacity) 등을 고려할 수 있다.

그림 4-10
예상조업도의 종류

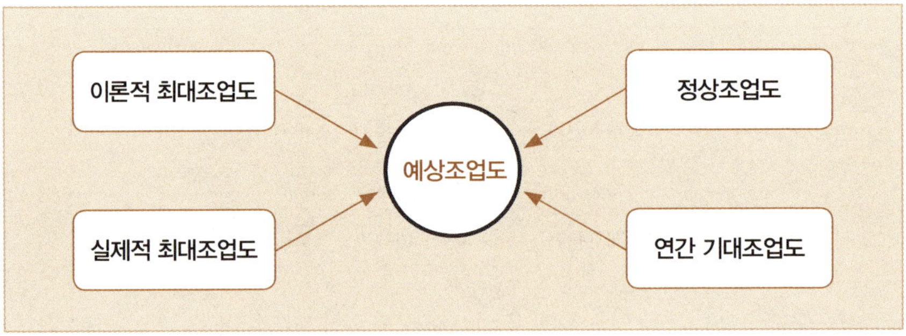

이론적 최대조업도는 생산설비를 최대로 사용하는 경우 달성할 수 있는 조업도이며 실제적 최대조업도는 이러한 이론적 조업도에서 불가피한 작업 중단(예: 기계고장, 수리, 휴일 등)으로 인한 조업도의 감소효과를 차감한 조업도이다. 한편, 정상조업도는 정상적인 상황에서 평균적으로 달성할

수 있는 조업도이며 연간 기대조업도는 예상 판매량을 기준으로 산정한 조업도를 말한다. 이러한 다양한 조업도 중에서 실무적으로는 정상조업도와 연간 기대조업도를 예상 조업도로 가장 많이 사용하고 있다.

③ 정상개별원가의 계산절차

제조기업은 아래의 〈그림 4-11〉과 같이 네 단계를 거쳐 정상개별원가계산에 의한 당기제품제조원가를 산정한다.

그림 4-11

정상개별원가의 계산절차

1단계 **직접원가**(직접제조원가와 직접노무원가) **집계**

↓

2단계 **제조간접원가 배부**

① 제조간접원가 예정배부율 산정 = $\frac{\text{제조간접원가 예산}}{\text{예정조업도}}$

② 각 개별직업별 제조간접원가 배부:

제조간접원가 예정배부율 × 각 개별작업에 투입한 조업도

↓

3단계 **제품원가계산**

직접재료원가 + 직접노무원가 + 배부된 제조간접원가

↓

4단계 **제조간접원가 배부차이 조정**

구체적인 원가계산의 절차를 다음의 〈사례 4-2〉를 통해 살펴본다.

사례 4-2

(주)명미는 주문에 의한 제품생산을 하고 있는 비행기 생산업체이다. 20×9년 중 수송기와 여객기를 완성하여 주문자에게 인도하였고, 20×9년말 미완성된 전투기가 있다. (주)명미는 수송기, 여객기 및 전투기 이외의 제품주문은 없었다고 가정한다. 또한 (주)명미는 연초에 연간 제조간접원가 ₩1,000, 직접노무시간을 1,000시간으로 예상하였으며, 제조간접원가를 직접노무시간에 따라 배부한다.

구분	수송기	여객기	전투기	합계
직접 재료원가	₩150	₩200	₩160	₩510
직접 노무원가	60	80	40	180
직접 노무시간	200시간	500시간	300시간	1,000시간
실제 발생 제조간접원가				₩1,000

a. 직접원가의 집계

직접원가는 당기에 생산과정에 투입된 직접재료원가와 직접노무원가의 합으로 구성된다.

직접원가 = 직접재료원가 + 직접노무원가

〈사례 4-2〉와 같이 수송기, 여객기 및 전투기의 직접원가는 각각 ₩210(=₩150+₩60), ₩280(=₩200+₩80), ₩200(=₩160+₩40)이 된다.

b. 제조간접원가의 배부

위의 〈사례 4-2〉에서 연초에 경영자가 설정한 제조간접원가의 예산금액은 ₩1,000이고 예상 직접노무시간은 1,000시간이다. (주)명미는 직접노무시간을 기준으로 제조간접원가를 배부하므로 제조간접원가의 예정배부율은 1(₩/직접 노무시간)이 된다. 따라서, 수송기, 여객기 및 전투기에 배부되는 제조간접원가는 각각 ₩200(=₩1×200시간), ₩500(=₩1×500시간), ₩300(=₩1×300시간)이 된다.

c. 당기제품제조원가의 계산

당기제품제조원가는 당기에 완성된 개별작업의 직접원가와 배부된 제조간접원가의 합으로 구성된다.

당기제품제조원가 = 직접재료원가 + 직접노무원가 + 배부된 제조간접원가

아래의 〈그림 4-12〉와 같이 〈사례 4-2〉의 수송기와 여객기는 당기에 완성되었으며 당기제품제조원가는 각각 ₩410(=₩150+₩60+₩200), ₩780(=₩200+₩80+₩500)이 된다. 한편, 전투기는 당기에 미완성되었으며 기말재공품원가는 ₩500(=₩160+₩40+₩300)이 된다.

그림 4-12

당기제품제조원가

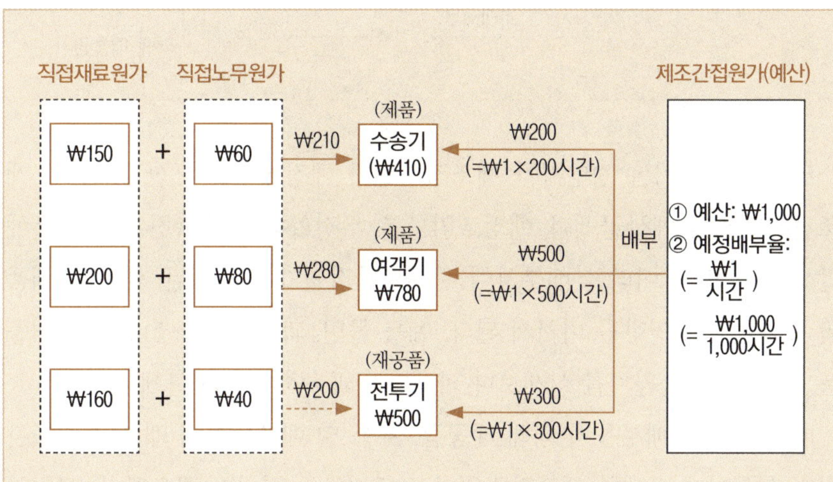

d. 제조간접원가의 배부차이 조정

〈사례 4-2〉에서는 실제 발생 제조간접원가(₩1,000)와 각 개별작업에 배부된 제조간접원가(₩1,000)가 동일하다고 가정하였다. 그러나, 제조간접원가를 예정배부율을 이용하여 각 개별작업에 배부하는 경우 각 개별작업들에 배부된 총제조간접원가와 실제 발생한 제조간접원가는 일치하지 않는 것이 일반적이다. 이와 같이 일정기간의 실제 발생 제조간접원가와 각 개별작업에 배분된 총제조간접원가 간의 차이를 '제조간원가 배부차이'라고 한다. 이러한 배부차이는 아래 〈그림 4-13〉과 같이 실제 발생한 제조간접원가에 비해 배부된 총제조간접원가가 적은 과소배부와 실제 발생한 제조간접원가에 비해 배부된 총제조간접원가가 많은 과대배부로 구분된다.

그림 4-13

제조간접원가의 배부차이 구분

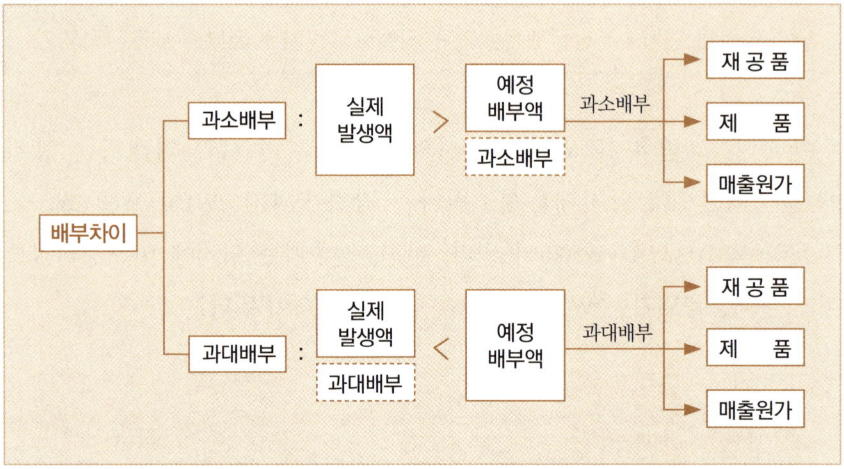

위의 배부차이는 경영자가 제조간접원가 예정배부율의 산정요소인 제조간접원가의 예산금액과 예정조업도를 부정확하게 예측하였기 때문에 발생한다. 또한 이러한 배부차이는 제조간접원가가 투입된 재공품, 제품 및 매출원가에 영향을 미치게 된다. 예를 들면, 과대(또는 과소)배부는 재공품, 제품 및 매출원가를 실제보다 과대(또는 과소)하게 계산하게 된다.

따라서 예정 배부율에 의해 재공품, 제품 및 매출원가에 배분된 제조간접원가를 실제 발생한 제조간접원가로 조정하는 절차가 필요하다. 이러한 절차를 배부차이의 안분(proration)이라고 한다. 이 때 배부차이가 크지 않다면, 간단히 매출원가로 처리하면 된다. 그러나 배부차이가 상대적으로 크고 중요하다면 배부차이를 재공품, 제품 및 매출원가에 포함된 제조간접원가의 비율에 따라 각 계정과목(재공품, 제품 및 매출원가)을 조정해야 한다.

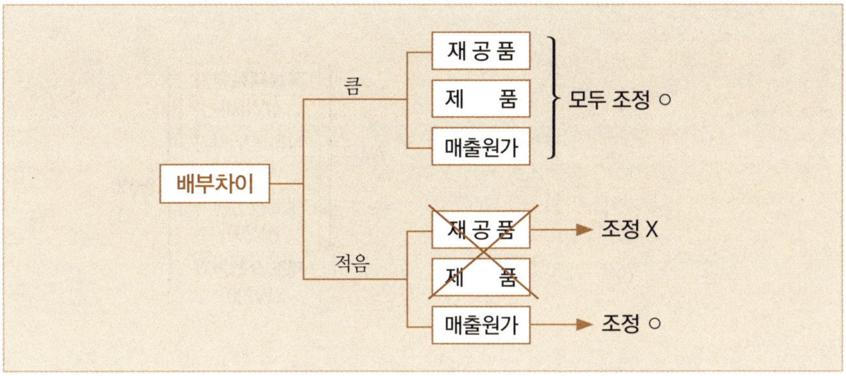

그림 4-14
제조간접원가의 배부차이 조정방법

보다 구체적으로 살펴보면, 〈사례 4-2〉에서 실제 발생한 제조간접원가가 ₩2,000이고 개별작업에 배부된 총제조간접원가가 ₩1,000이라면 제조간접원가는 ₩1,000 만큼 과소배부되었다. 이러한 과소배부액이 중요하지 않다면 ₩1,000을 매출원가에 가산하면 된다. 그런데 과소배부액이 중요하다면 ₩1,000을 재공품, 제품 및 매출원가 등 모든 계정과목에서 아래 〈그림 4-15〉과 같이 조정해야 한다.

그림 4-15

제조간접원가의 과소 배부차이 조정방법

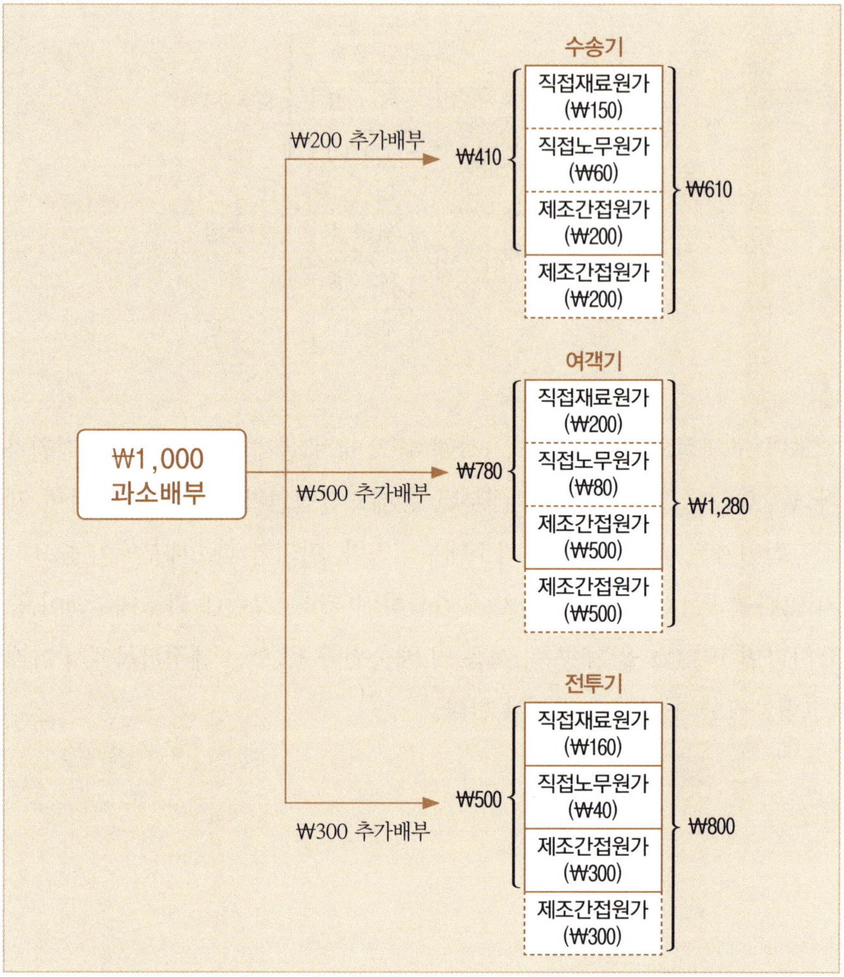

〈사례 4-2〉에서 수송기와 여객기는 당기에 제품으로 완성되었고, 전투기는 아직 생산 중인 재공품이다. (주)명미는 제조간접원가를 직접노무시간에 비례하여 각 개별작업에 배부하므로 과소배부액(₩1,000)은 수송기, 여객기 및 전투기에 각각 ₩200(=₩1,000×$\frac{200시간}{1,000시간}$), ₩500 (=₩1,000×$\frac{500시간}{1,000시간}$), ₩300(=₩1,000×$\frac{300시간}{1,000시간}$)만큼 추가 배부되게 된다.

따라서 제조간접원가를 추가 배부한 이후의 수송기와 여객기의 실제 발생한 제품원가는 각각 ₩610(=₩150+₩60+₩400), ₩1,280 (=₩200+₩80+₩1,000)이 된다. 한편, 전투기의 실제 발생한 재공품원가는 ₩800(=₩160+₩40+₩600)이 된다.

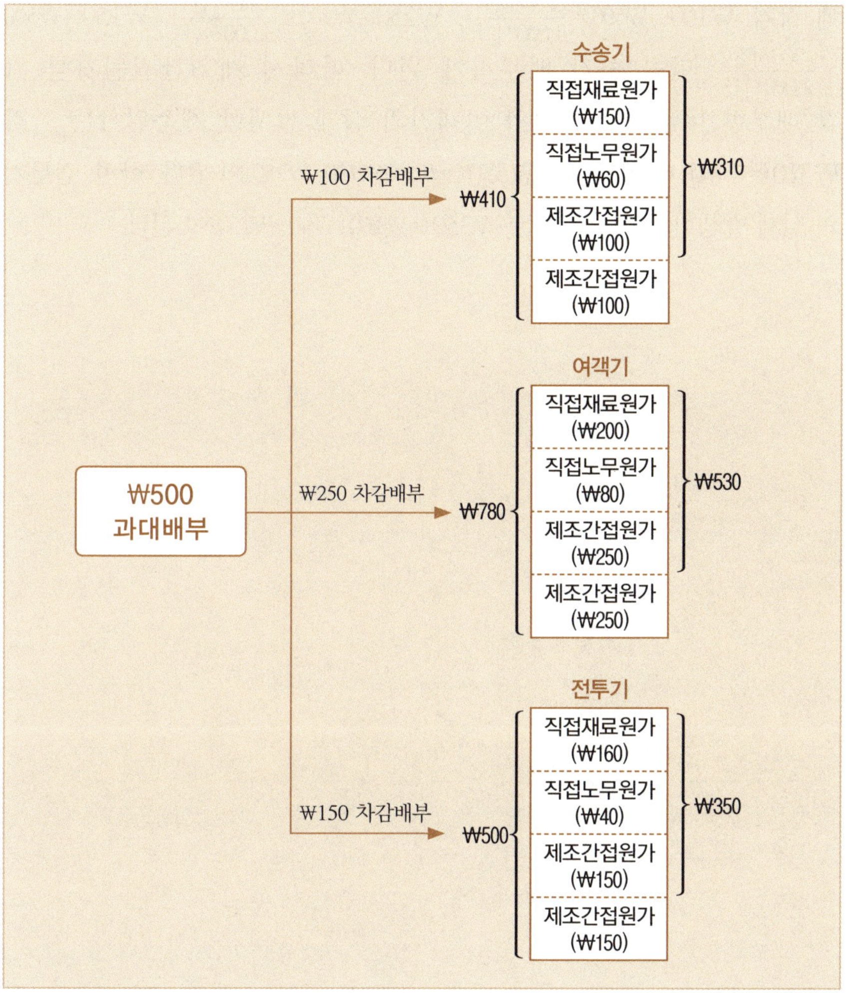

그림 4-16

제조간접원가의 과대 배부차이 조정방법

한편, 〈사례 4-2〉에서 실제 발생한 제조간접원가가 ₩500이고 개별작업에 배부된 총제조간접원가가 ₩1,000이라면 제조간접원가는 ₩500 만큼 과대배부되었다. 이러한 과대배부액이 중요하지 않다면 ₩500을 매출원가에서 차감하면 된다. 그런데 과대배부액이 중요하다면 ₩500을 재공품, 제품 및 매출원가 등 모든 계정과목에서 〈그림 4-16〉과 같이 조정해야 한다.

〈사례 4-2〉에서 (주)명미는 제조간접원가를 직접노무시간에 비례하여 각 개별작업에 배부하므로 과대배부액 ₩500은 수송기, 여객기 및 전투기에 각각 ₩100(=₩500 × $\frac{200시간}{1,000시간}$), ₩250(=₩500 × $\frac{500시간}{1,000시간}$), ₩150(=₩500 × $\frac{300시간}{1,000시간}$) 만큼 차감 배부하게 된다. 따라서 제조간접원가를 차감 배부한 이후의 수송기와 여객기의 실제 발생한 제품원가는 각각 ₩310(=₩150+₩60+₩100), ₩530(=₩200+₩80+₩250)이 된다. 한편, 전투기의 실제 발생한 재공품원가는 ₩350(=₩160+₩40+₩150)이 된다.

종합예제 1 [제조간접비배부 – 공장전체, 부문별]

(주) 삼공의 공장에는 두 개의 제조부문 X와 Y가 있다. 회사는 3월 중 작업 #301, #302, #303을 착수하여 완성하였다.

(1) 각 작업과 관련하여 3월 중 발생한 제조원가 및 기타자료는 다음과 같다.

	#301	#302	#303	계
직접재료비	₩ 300,000	₩ 300,000	₩ 400,000	₩ 1,000,000
직접노무비	280,000	220,000	500,000	1,000,000
직접노동시간				
X부문	200시간	200시간	600시간	1,000시간
Y부문	200	100	200	500
기계시간				
X부문	300시간	150시간	150시간	600시간
Y부문	720	360	120	1,200

(2) 3월 중에 발생한 두 제조부문의 제조간접비는 다음과 같다.

	X	Y	계
제조간접비	₩ 800,000	₩ 1,200,000	₩ 2,000,000

요구사항

각 [요구사항]은 독립적이다.

1. 회사는 공장전체 제조간접비배부율을 사용하고, 직접노무비를 기준으로 하여 제조간접비를 배부한다. 다음을 구하시오.
   (1) 제조간접비배부율
   (2) 작업별 제조원가

2. 회사는 부문별 제조간접비배부율을 사용하고, X부문에서는 직접노동시간을, Y부문에서는 기계시간을 기준으로 하여 제조간접비를 배부한다. 다음을 구하시오.

(1) 제조간접비배부율

(2) 작업별 제조원가

해답

1. 공장전체 제조간접비배부율을 사용할 경우

(1) 공장전체 제조간접비배부율

$$\frac{\text{공장전체 제조간접비}}{\text{공장전체 직접노무비}} = \frac{₩2,000,000}{₩1,000,000} = \text{직접노무비의 200\%}$$

(2) 작업별 제조원가

	#301	#302	#303	계
직접재료비	₩ 300,000	₩ 300,000	₩ 400,000	₩ 1,000,000
직접노무비	280,000	220,000	500,000	1,000,000
제조간접비*	560,000	440,000	1,000,000	2,000,000
계	₩1,140,000	₩ 960,000	₩ 1,900,000	₩ 4,000,000

* 작업별 직접노무비 × 200% (배부율)

2. 부문별 제조간접비배부율을 사용할 경우

(1) 부문별 제조간접비 배부율

$$\text{X부문}: \frac{\text{X부문 제조간접비}}{\text{X부문 직접노동시간}} = \frac{₩800,000}{1,000\text{시간}} = \text{X부문 직접노동시간당 ₩800}$$

$$\text{Y부문}: \frac{\text{Y부문 제조간접비}}{\text{Y부문 기계시간}} = \frac{₩1,200,000}{1,200\text{시간}} = \text{Y부문 기계시간당 ₩1,000}$$

(2) 작업별 제조원가

	#301	#302	#303	계
직접재료비	₩ 300,000	₩ 300,000	₩ 400,000	₩ 1,000,000
직접노무비	280,000	220,000	500,000	1,000,000
제조간접비				
X부문*	160,000	160,000	480,000	800,000
Y부문*	720,000	360,000	120,000	1,200,000
계	₩1,460,000	₩ 1,040,000	₩ 1,500,000	₩ 4,000,000

*1. 작업별 X부문 직접노동시간 × @800
2. 작업별 Y부문 기계시간 × @1,000

공장전체 제조간접비배부율을 사용하면 계산과 사용은 간편하지만 제조간접비의 규모나 성격이 제조부문간 상이하고 작업과정 중 각 제조부문에서 소요되는 기계시간이나 직접노동시간 등이 크게 다를 경우에는 제품원가를 정확하게 계산할 수 없기 때문에 합리적이지 못하다.

반면에, 부문별 제조간접비배부율을 사용하면 각 제조부문의 특성에 따라 제조간접비를 개별작업에 배부하기 때문에 보다 합리적인 방법으로 좀 더 정확한 제품원가를 계산할 수 있다. 예컨대, 기계집약적인 제조부문은 기계시간을 배부기준으로 이용하고, 노동집약적인 제조부문은 직접노동시간이나 직접노무비를 배부기준으로 이용하면 보다 합리적인 제조간접비 배부가 될 것이다.

종합예제 2 [개별원가계산과 배부차이 조정]

(주) 한국은 두 개의 A, B 제조부문으로 이루어져 있다. 제조부문 A는 직접노동시간, 제조부문 B는 기계시간을 기준으로 제조간접비를 예정배부하고 있으며 예정배부와 관련된 예산자료는 다음과 같다.

	제조부문 A	제조부문 B	계
제조간접비	₩ 1,200,000	₩ 800,000	₩ 2,000,000
직접노동시간	500시간	200시간	700시간
기계시간	240	400	640

(주) 한국은 당기 중 #101, 102, 103을 착수하여 #101, #102는 완성하였으며 이 중 #101은 판매되었다. (주)한국의 당기 중 제품생산과 관련된 원가자료는 다음과 같다.

(1) 작업별 원가자료

	#101	#102	#103	계
직접재료비	₩ 250,000	₩ 300,000	₩ 150,000	₩ 700,000
직접노무비	150,000	200,000	50,000	400,000
직접노동시간				
A부문	150시간	350시간	50시간	550시간
B부문	80	120	30	230
기계시간				
A부문	50시간	75시간	45시간	170시간
B부문	150	150	200	500

(2) 부문별 제조간접비

	제조부문 A	제조부문 B	계
간접재료비	₩ 140,000	₩ 50,000	₩ 190,000
간접노무비	240,000	160,000	400,000
수선유지비	100,000	70,000	170,000
동 력 비	520,000	320,000	840,000
설비감가상각비	470,000	340,000	810,000
계	₩ 1,470,000	₩ 940,000	₩ 2,410,000

요구사항

1. 각 부문별 제조간접비 예정배부율을 계산하시오.
2. 정상개별원가계산에 의한 기말재공품, 기말제품, 매출원가를 계산하고 제조간접비 배부차이를 구하시오.
3. 제조간접비 배부차이를 다음의 각 방법에 의해 배분하시오.
   (1) 원가요소별 비례배분법
   (2) 총원가 비례배분법
4. (주)한국이 공장전체 제조간접비배부율을 사용한다고 할 때 제조간접비 배부차이를 계산하시오. 단, 배부기준은 기계시간을 적용한다고 가정한다.

해 답

1. 부문별 제조간접비 예정배부율

(1) A부문 : $\frac{\text{제조간접비예산액}}{\text{예산직접노동시간}} = \frac{₩1,200,000}{500\text{시간}}$ = 직접노동시간당 ₩2,400

(2) B부문 : $\frac{\text{제조간접비예산액}}{\text{예산기계시간}} = \frac{₩800,000}{400\text{시간}}$ = 기계시간당 ₩2,000

2. 작업별 제조원가 및 제조간접비 배부차이

(1) 작업별 제조원가

	#101	#102	#103	계
직접재료비	₩ 250,000	₩ 300,000	₩ 150,000	₩ 700,000
직접노무비	150,000	200,000	50,000	400,000
제조간접비				
A부문	360,000	840,000	120,000	1,320,000
B부문	300,000	300,000	400,000	1,000,000
작업별 원가	₩ 1,060,000	₩ 1,640,000	₩ 720,000	₩ 3,420,000
	매출원가	제품	기말재공품	

*1. A부문 직접노동시간×@2,400
2. B부문 기계시간×@2,000

(2) 제조간접비 배부차이

	실제발생액	예정배부액	배 부 차 이
A부문	₩ 1,470,000	₩ 1,320,000	₩ 150,000 과소배부
B부문	940,000	1,000,000	60,000 과대배부
계	₩ 2,410,000	₩ 2,320,000	₩ 90,000 과소배부

3. 배부차이조정(비례배분법)

(1) 원가요소별 비례배분법

	제조간접비 예정배부액	배 분 비 율	배 분 액
제공품(#103)	₩ 520,000	22.4 %	₩ 20,160
제품(#102)	1,140,000	49.1	44,190
매출원가(#101)	660,000	28.5	25,650
계	₩ 2,320,000	100 %	₩ 90,000

(2) 총원가 비례배분법

	총원가(기말잔액)	배 분 비 율	배 분 액
제공품(#103)	₩ 720,000	21%	₩ 18,900
제품(#102)	1,640,000	48	43,200
매출원가(#101)	1,060,000	31	27,900
계	₩ 3,420,000	100%	₩ 90,000

4. 제조간접비 공장전체 배부

(1) 공장전체 제조간접비 예정배부율

$$\frac{\text{공장전체 제조간접비예산액}}{\text{공장전체 예산기계시간}} = \frac{₩2,000,000}{640\text{시간}} = \text{기계시간당 } ₩3,125$$

(2) 제조간접비 배부차이

	실제발생액	예정배부액	배부차이
공장전체	₩ 2,410,000	₩ 2,093,750	₩ 316,250 과소배부

* 실제기계시간 × 예정배부율 : 670시간 × @3,125 = ₩2,093,750

5 종합원가

(1) 의의

종합원가계산(process costing)은 식료품, 화학제품, 제지 제조업 등과 같이 동일한 제품을 연속적인 제조공정을 통해 대량적으로 생산하는 산업 분야에서 사용되는 원가계산방법이다. 종합원가계산은 아래의 〈그림 5-1〉과 같이 각 제조공정별로 원가계산이 이루어진다는 점에서 각 작업별로 원가를 계산하는 개별원가계산과는 차이가 있다.

그림 5-1
종합원가계산의 흐름

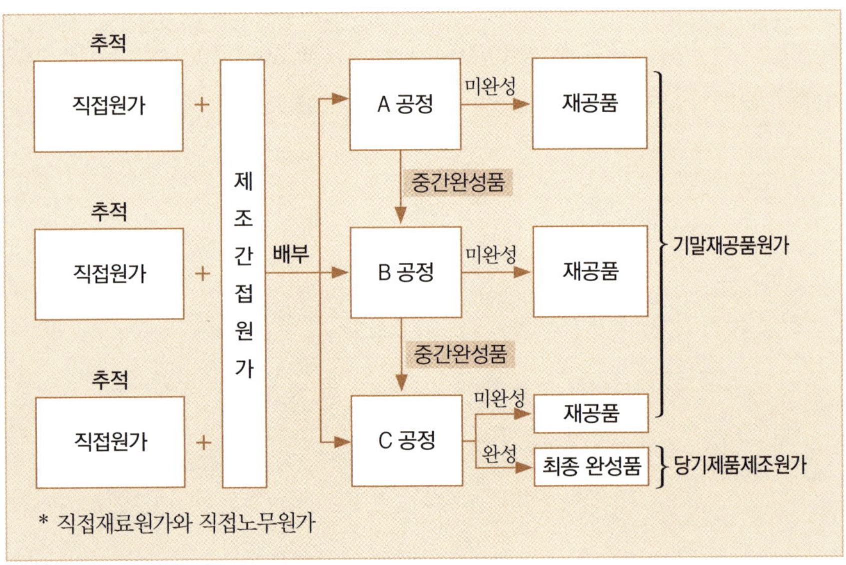

위의 그림에서 알 수 있듯이 종합원가계산에서는 각 공정별(A, B, C 공정)로 투입된 원가를 집계한다. 예를 들면, 직접재료원가와 직접노무원가는 직접원가이므로 특정 공정에 직접적인 추적이 가능하여 쉽게 배분이 된다. 그런데 제조간접원가는 특정 공정에 직접적인 추적이 불가능하기 때문에 경영자가 미리 설정한 일정한 배부기준에 따라 각 공정에 배부한다.

종합원가계산은 각 공정별로 제조원가를 집계하기 때문에 각 공정을 통과한 재공품과 제품에 제조원가를 배부하게 된다. 즉, 최종 단계인 C 공정을 통과하지 못하여 완성되지 않은 제조원가는 기말재공품원가가 되며 최종 단계인 C 공정까지 통과하여 완성된 제조원가는 당기제품제조원가라 된다. 이때 완성품과 기말재공품의 제조원가는 각 공정별 제조원가보고서(cost of production report)를 기초로 계산된다.

(2) 완성품 환산량

종합원가계산에서는 각 공정별로 집계된 제조원가(직접재료원가, 직접노무원가 및 제조간접원가)를 재공품과 완성품의 원가로 배분해야 한다. 따라서 완성품과 재공품의 제조원가를 정확하게 배분하기 위해서는 각 공정별로 투입된 제조원가가 반영된 산출물의 양을 정확히 측정해야 한다. 산출물의 양은 각 공정을 통해 산출된 기말의 재공품과 제품의 완성 정도를 고려하여 산정한다. 이렇게 측정된 산출물의 양을 완성품 환산량(equivalent unit)이라고 한다. 즉, 완성품 환산량은 산출물의 완성정도를 고려하여 측정한 물량으로 모든 산출물이 완성되었다고 가정할 경우 산출되었을 완성품의 개수를 의미한다.

구체적으로 다음의 〈사례 5-1〉을 통해 완성품 환산량을 계산해 본다.

사례 5-1

(주)동화는 1월부터 새로운 제품의 생산을 시작하였다. 1월 중에 10,000개의 제품을 생산하기 위해 제조과정에 착수하였으며 6,000개의 제품을 1월에 생산완료하였다. 또한 4,000개는 현재 생산진행 중에 있다. 단, 직접재료원가는 제조공정의 초기에 모두 투입되고 가공원가(직접노무원가와 제조간접원가)는 제조공정의 전반에 걸쳐 균등하게 발생하고 기말 재공품의 완성도는 30%이다.

완성품 환산량은 일반적으로 원가요소별로 각각 계산한다. 왜냐하면, 원가요소별로 원가발생의 형태가 다를 수 있기 때문이다. 따라서 직접재료원가가 제조공정의 착수시점에 모두 투입되고 가공원가(직접노무원가 및 제조간접원가)는 제조공정의 전반에 걸쳐 균등하게 발생하는 경우 완성품 환산량은 직접재료원가와 가공원가로 구분하여 각각 산정한다.

우선 〈사례 5-1〉에서 직접재료원가의 완성품 환산량은 10,000개(완성품 6,000개+기말 재공품 4,000개)가 된다. 즉, 직접재료원가에 대한 완성품과 기말 재공품의 환산량은 각각 6,000개와 4,000개가 된다. 왜냐하면, 아래의 〈그림 5-2〉와 같이 직접재료원가는 제조공정의 초기에 모두 생산과정에 투입되므로 기말재공품의 가공비 완성도 (30%)와는 상관없이 기말재공품의 직접재료원가 완성도는 (100%)가 되기 때문이다.

그림 5-2

재료원가의 완성품 환산량

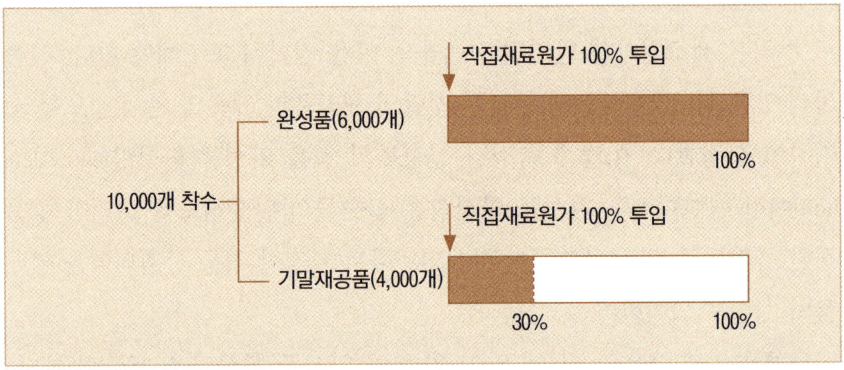

한편, 가공원가에 대한 완성품 환산량은 7,200개(완성품 6,000개+말 재공품 4,000×30%)가 된다. 왜냐하면, 아래의 〈그림 5-3〉과 같이 가공원가는 제조공정의 전반에 걸쳐 균등하게 발생하므로 완성품(6,000개)에 대해서 가공원가는 100% 모두 투입된다. 이에 반해 기말재공품(4,000개) 외 가공원가는 30%만 투입되므로 이를 완성품 환산량으로 계산하면 1,200개(4,000×30%)가 된다.

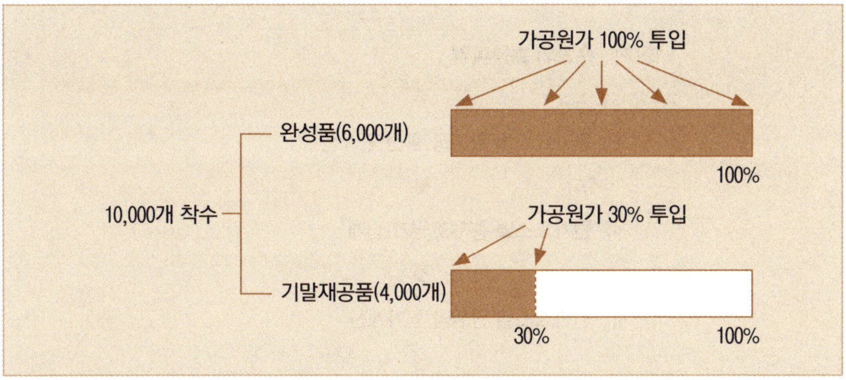

그림 5-3
가공원가의 완성품 환산량

(3) 종합원가의 계산절차

종합원가계산은 아래의 〈그림 5-4〉와 같이 다섯 단계를 거쳐 진행된다. 우선, 첫 단계로 기초 재공품 수량과 당기 생산공정에 투입된 수량을 파악한 뒤 당기에 완성된 제품과 기말에 제조공정에 있는 재공품의 수량을 확정한다. 두 번째 단계로 원가요소(직접재료원가와 가공원가)별로 원가형태가 다를 수 있기 때문에 각 원가요소별로 완성품 환산량을 각각 계산한다. 세 번째 단계로 원가요소별로 총제조원가를 집계한다. 총제조원가에는 기초 재공품원가와 당기 발생제조원가가 포함된다. 네 번째 단계는 원가요소별로 단위당 원가를 계산한다. 이때, 단위당 원가는 총제조원가(또는 당기 발생제조원가)를 완성품 환산량으로 나누어 산정한다. 마지막 단계로 당기에 완성된 제품과 기말에 제조과정에 있는 재공품의 제조원가를 산정한다.

그림 5-4
종합원가의 계산절차

1단계: 수량의 흐름파악
↓
2단계: 원가요소별 완성품 환산량 계산
↓
3단계: 원가요소별 총제조원가 집계
↓
4단계: 원가요소별 단위당 원가계산
↓
5단계: 완성품과 기말재공품제조원가 산정

구체적인 종합원가계산의 절차를 다음의 〈사례 5-2〉를 통해 살펴본다.

사례 5-2

(주)동화는 라면을 대량으로 생산하고 있다. 직접재료원가는 제조공정의 초기에 모두 투입되고 가공원가(직접노무원가와 제조간접원가)는 제조공정의 전반에 걸쳐 균등하게 발생한다. 다음은 2월의 종합원가계산과 관련된 자료이다.

구분	수량	완성도	직접재료원가	가공원가	제조원가
기초 재공품	60개	50%	₩2,000	₩6,600	₩8,600
당기 착수량	140개		14,000	15,000	29,000
당기 완성량	160개				
기말 재공품	40개	50%			

① 수량의 흐름 파악

종합원가계산에서 기초 재공품이 존재하는 경우 원가흐름에 대한 가정이 필요하다. 왜냐하면, 당기에 재공품 계정에 집계되는 제조원가는 전기의 제조원가(기초 재공품의 제조원가)와 당기에 발생한 제조원가의 합으로 구성되어 이를 완성품과 기말 재공품의 제조원가에 배분해야 하기 때문이다. 원가흐름에 대한 가정은 선입선출법, 가중평균법, 후입선출법 등 다양한데 기업들은 일반적으로 선입선출법과 가중평균법을 주로 사용한다. 따라서 〈사례 5-2〉도 선입선출법과 가중평균법을 기준으로 종합원가계산을 하도록 한다.

a. **선입선출법**(first-in first-out method)

선입선출법은 기초 재공품을 우선적으로 완성시킨 다음에 당기 생산에 착수한 수량을 가공한다고 가정한다. 즉, 기초 재공품의 수량과 당기 생산에 착수하여 발생한 수량을 명확히 구분한다. 따라서 아래의 〈그림 5-5〉와 같이 당기에 완성된 제품의 수량은 기초 재공품의 수량과 당기 생산에 착수하여 발생한 수량으로 구성되어 있는 반면 기말 재공품의 수량은 당기 생산에 착수하여 발생한 수량으로만 구성되어 있다고 가정한다.

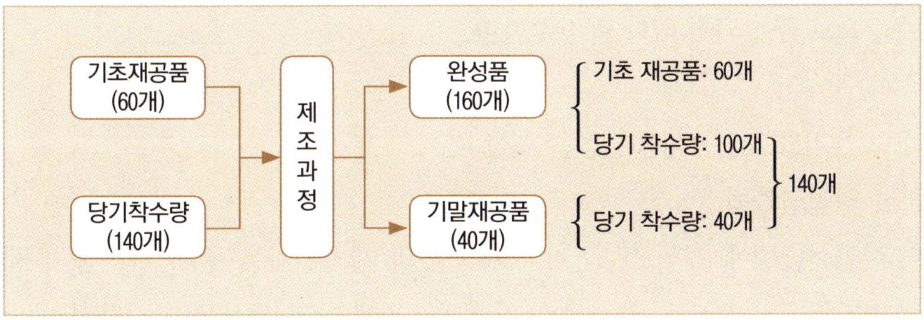

그림 5-5
선입선출법의 수량흐름

위의 그림에서 보듯이 원가의 흐름을 선입선출법에 의할 경우 당기의 완성품 160개는 기초 재공품 60개와 당기 생산에 착수하여 발생한 수량 100개로 구성되어 있다. 한편, 기말 재공품은 당기 생산에 착수하여 당기 말에 미완성된 수량 40개로 구성되어 있다.

b. **가중평균법**(weighted average method)

가중평균법은 기초 재공품이 당기 이전에 이미 제조과정에 있음에도 불구하고 당기에 생산공정에 투입된 것으로 가정하는 방법이다. 즉, 기초 재공품의 수량과 당기 생산에 착수하여 발생한 수량을 구분하지 않는다. 따라서 아래의 〈그림 5-6〉과 같이 당기에 완성된 제품과 기말 재공품의 수량은 전부 당기 생산에 착수하여 발생한 수량으로 구성되어 있다고 간주한다.

그림 5-6

가중평균법의 수량흐름

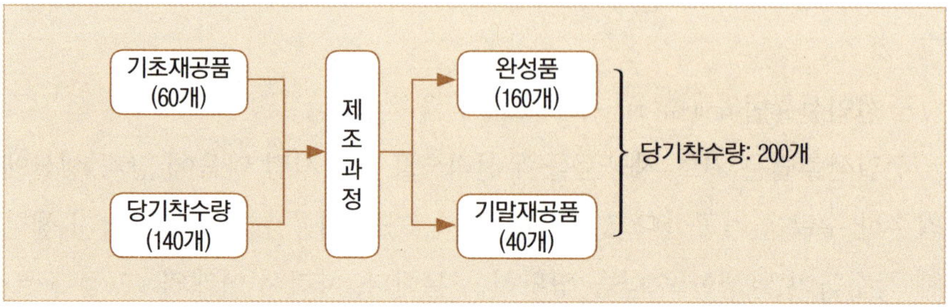

위의 그림에서 보듯이 원가의 흐름을 가중평균법에 의할 경우 당기의 완성품 160개는 모두 당기 생산에 착수하여 발생한 수량 160개로 구성되어 있으며, 기말 재공품 40개도 당기 생산에 착수하여 당기 말에 미완성된 수량으로 구성되어 있다고 간주한다.

② 원가요소별 완성품 환산량 계산

a. 선입선출법

선입선출법에 의할 경우 기초 재공품의 제조원가는 전부 완성품의 제조원가를 구성하므로 완성품과 기말재공품에 당기 생산에 착수하여 발생한 제조원가만을 대상으로 배분하면 된다. 따라서 아래의 〈그림 5-7〉과 같이 직접재료원가의 완성품 환산량은 140개(완성품 중 당기 생산 착수량 100+기말재공품 중 당기 생산 착수량 40개)이고 가공원가의 완성품 환산량은 150개(완성품 중 기초 재공품 60개×50%+완성품 중 당기 생산 착수량 100개+ 기말재공품 중 당기 생산 착수량 40개×50%)이다.

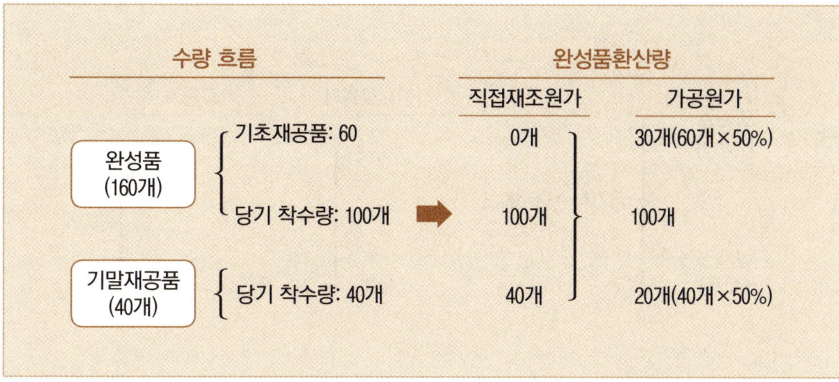

그림 5-7
선입선출법의 완성품 환산량

위에서 보듯이 당기에 투입된 직접재료원가의 완성품 환산량은 당기에 완성된 제품 160개 중 기초 재공품 60개를 차감한 100개와 기말재공품 40개를 합한 140개이다. 재료원가는 제조공정의 초에 모두 투입되므로 완성품 환산량과 당기 생산착수량은 일치하게 된다. 또한 당기에 투입된 가공원가의 완성품 환산량은 기초 재공품을 추가가공하여 완성한 수량 30개(60개×50%), 당기에 생산공정에 투입하여 완성한 수량 100개 및 기말재공품의 완성품 환산량 20개(40개×50%)를 합한 150개이다.

b. 가중평균법

가중평균법에 의할 경우 기초 재공품이 당기 이전에 제조공정에 착수되었음에도 불구하고 당기에 착수한 것으로 가정한다. 즉, 기초 재공품의 제조원가와 당기 생산착수량의 제조원가를 구분하지 않고 전부 당기에 착수한 것으로 간주하여 제조원가를 완성품과 기말 재공품에 배분한다. 따라서 아래의 〈그림 5-8〉과 같이 재료원가의 완성품 환산량은 200개(완성품 160+ 기말재공품 40개)이고 가공원가의 완성품 환산량은 180개(완성품 160개+ 기말재공품 40개×50%)이다.

그림 5-8

가중평균법의 완성품 환산량

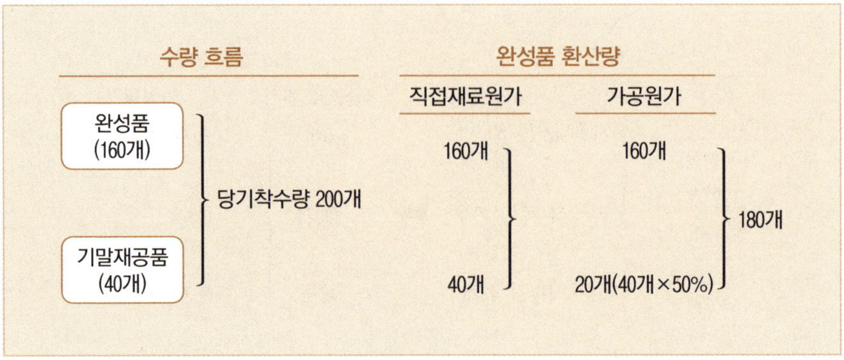

위에서 보듯이 직접재료원가의 완성품 환산량은 당기에 완성된 제품 200개이다. 직접재료원가는 제조공정의 초에 모두 투입되므로 완성품 환산량은 기초 재공품과 당기 생산착수량의 합으로 계산된다. 또한 가공원가의 완성품 환산량은 당기에 완성한 수량 160개과 기말재공품의 완성품 환산량 20개(40개×50%)를 합한 180개가 된다.

③ 원가요소별 총제조원가 집계 및 단위당 원가계산

a. 선입선출법

선입선출법은 기초 재공품원가와 당기에 생산과정에서 발생한 제조원가를 구분한다. 따라서 당기 완성품의 제조원가는 기초 재공품원가와 당기에 생산과정에서 발생한 제조원가의 합으로 구성되어 있다. 이에 반해, 기말 재공품원가는 당기에 생산과정에서 발생한 제조원가로만 구성되어 있다고 가정한다. 따라서 원가요소별 완성품 환산량은 당기에 순수하게 발생한 제조원가에 해당하는 작업량만을 기준으로 계산되므로 완성품 환산량 단위당 원가도 당기 발생원가만을 고려하여 산출해야 한다.

$$\text{완성품 환산량 단위당 원가} = \frac{\text{당기 발생 제조원가}}{\text{당기 완성품 환산량}}$$

따라서 〈사례 5-2〉의 재료원가에 대한 환산량 단위당 원가는 ₩100(₩14,000÷140개)이 되며, 가공원가에 대한 환산량 단위당 원가는 ₩100

(₩15,000÷150개)이 된다.

b. 가중평균법

가중평균법은 기초 재공품원가와 당기에 생산과정에서 발생한 제조원가를 구부하지 않고 동일하게 취급한다. 따라서 완성품 환산량은 총제조원가(기초 재공품과 당기 생산과정에서 발생한 제조원가)에 해당하는 작업량을 기준으로 계산되므로 완성품 환산량 단위당 원가도 총제조원가를 고려하여 산출해야 한다.

$$\text{완성품 환산량 단위당 원가} = \frac{\text{기초재공품 제조원가} + \text{당기 발생 제조원가}}{\text{총 완성품 환산량}}$$

따라서 〈사례 5-2〉의 직접 재료원가에 대한 완성품 환산량 단위당 원가는 ₩80($\frac{₩16,000}{200개}$), 가공원가에 대한 완성품 환산량 단위당 원가는 ₩120($\frac{₩21,600}{180개}$ ₩21,600÷180개)이 된다.

④ 완성품과 기말 재공품의 제조원가 산정

a. 선입선출법

선입선출법에서 완성품의 제조원가는 아래의 〈그림 5-9〉와 같이 기초 재공품과 당기에 발생한 제조원가 중 당기에 완성된 제품에 배부된 제조원가이다. 한편, 기말 재공품의 제조원가는 당기에 발생한 제조원가 중 미완성된 제품에 배부된 제조원가이다.

그림 5-9

선입선출법의 완성품과 기말 재공품의 제조원가

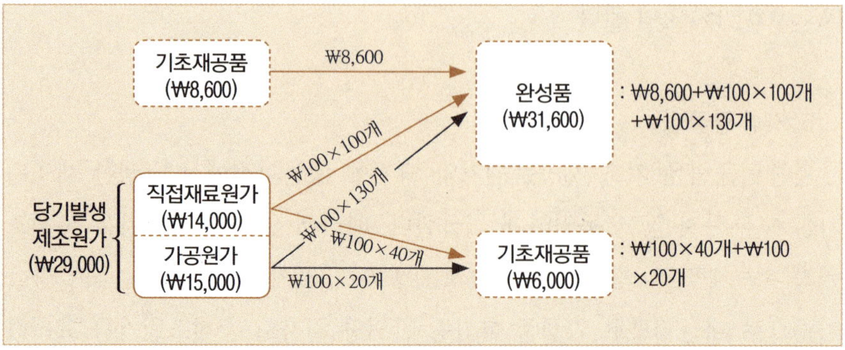

〈사례 5-2〉에서 완성품에 배부되는 제조원가는 기초 재공품의 제조원가 ₩8,600, 당기에 발생한 완성품에 대한 직접재료원가 ₩10,000(₩100×100개) 및 가공원가 ₩13,000(₩100×130개)의 합인 ₩31,600이다. 한편, 기말 재공품의 제조원가는 당기에 발생한 미완성품에 대한 직접재료원가 ₩4,000(₩100×40개)와 가공원가 ₩2,000(₩100×20개)의 합인 ₩6,000이다.

b. 가중평균법

가중평균법에서의 완성품과 기말 재공품의 제조원가는 아래의 〈그림 5-10〉과 같이 기초 재공품의 제조원가와 당기에 발생한 제조원가를 가중평균하여 구한다.

그림 5-10

가중평균법의 완성품과 기말 재공품의 제조원가

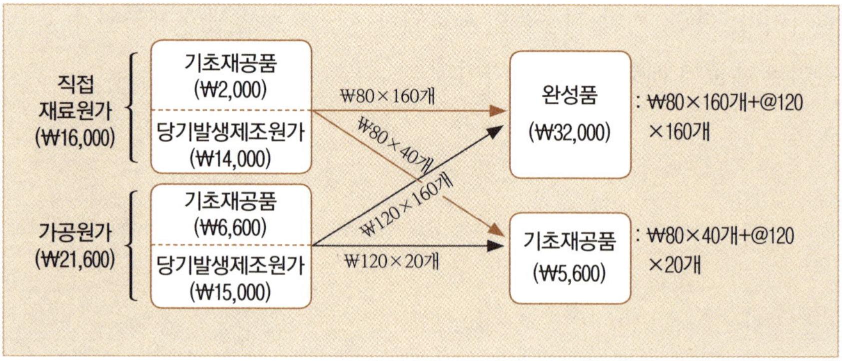

〈사례 5-2〉에서 완성품에 배부되는 제조원가는 직접재료원가 ₩12,800(₩80×160개) 및 가공원가 ₩19,200(₩120×160개)의 합인 ₩32,000이다. 한편, 기말 재공품의 제조원가는 직접재료원가 ₩3,200(₩80×40개)와 가공원가 ₩2,400(₩120×20개)의 합인 ₩5,600이다.

종합예제

㈜대한은 종합원가계산을 사용하여 제품원가계산을 하고 있다. 당사의 20X9년 제조 활동과 관련된 자료는 다음과 같다. 당기 중 공손이나 감손은 발생하지 않았다.
재료는 공정의 초기에 투입되며 가공비는 공정의 진행에 따라 균등하게 발생한다.

기초재공품 :	수량	3,000개(완성도 40%)	당기완성량 : 수량 15,000개
	재료비	₩49,000	기말재공품 : 수량 2,000개(완성도 20%)
	가공비	63,800	
당기착수량 :	수량	?개	
	재료비	₩308,000	
	가공비	937,200	

요구사항

1. 원가흐름의 가정이 가중평균법인 경우 완성품원가, 기말재공품원가를 계산하시오.
2. 원가흐름의 가정이 선입선출법인 경우 완성품원가, 기말재공품원가를 계산하시오.

해 답

1. 가중평균법

(1) 총완성품환산량 단위당 원가

① 재료비: (₩49,000 + ₩308,000) ÷ (15,000개(완성품) + 2,000개(기말재공품)) = @21

② 가공비: (₩63,800 + ₩937,200) ÷ (15,000개(완성품) + 2,000개 × 20%(기말재공품)) = @65

(2) 완성품원가 : 15,000개 × (@21 + @65) = ₩1,290,000

(3) 기말재공품원가 : 2,000개 × @21 + 2,000개 × 20% ×@65 = ₩68,000

2. 선입선출법

(1) 당기 완성품환산량 단위당 원가

① 재료비: ₩308,000 ÷ (15,000개 + 2,000개 - 3,000개) = @22

완성품 기말재공품 기초재공품

② 가공비: ₩937,200 ÷ (15,000개 + 2,000개 × 20% - 3,000개 × 40%) = 60%

완성품 기말재공품 기초재공품

(2) 완성품원가

₩49,000 + ₩63,800 + (15,000개 - 3,000개) × @22 + (15,000개 - 3,000개 × 40%) × @66 = ₩1,287,600

(3) 기말재공품원가

2,000개 × @22 + 2,000개 × 20% × @66 = ₩70,400

해설

1. 종합원가계산문제의 경우 5단계법에 의한 제조원가보고서를 작성하여 답안을 작성하는 것이 전형적인 풀이방법에 해당하지만 문제를 좀 더 신속하게 풀기 위해서는 위와 같이 접근하는 것이 시간을 절약할 수 있다.
2. 참고로 원가흐름의 가정별로 제조원가보고서를 작성하면 다음과 같다.

제조원가보고서(가중평균법)

	[1단계]	[2단계] 완성품환산량		
	물량의 흐름	재료비	가공비	
기초재공품	3,000개(100%, 40%)			
당기착수	14,000개			
	17,000개			
완성품	15,000개	15,000개	15,000개	
기말재공품	2,000(100%, 20%)	2,000개	400개	
	17,000개	17,000개	15,400개	
[3단계] 총원가의 요약				계
기초재공품원가		₩49,000	₩63,800	₩112,800
당기발생원가		308,000	937,200	1,245,200
계		₩357,000	₩1,001,000	₩1,358,000
[4단계] 환산량 단위당 원가				
완성품환산량		÷ 17,000개	÷ 5,400개	
환산량 단위당 원가		@21	@65	
[5단계] 원가의 배분				
완성품원가		15,000개 × @21 +	15,000개 × @65 =	₩1,290,000
기말재공품원가		2,000개 × @21 +	400개 × @65 =	68,000
계				1,358,000

제조원가보고서(선입선출법)

	[1단계]	[2단계] 완성품환산량		
	물량의 흐름	재료비	가공비	
기초재공품	3,000개(100%, 40%)			
당기착수	14,000개			
	17,000개			
당기완성				
기초재공품	3,000개	0개	1,800개	
당기착수	12,000개	12,000개	12,000개	
기말재공품	2,000(100%, 20%)	2,000개	400개	
	17,000개	14,000개	14,200개	
[3단계] 총원가의 요약				계
기초재공품원가				₩112,800
당기발생원가		₩308,000	937,200	1,245,200
계				₩1,358,000
[4단계] 환산량 단위당 원가				
완성품환산량		÷ 14,000개	÷ 14,200개	
환산량 단위당 원가		@22	@66	
[5단계] 원가의 배분				
완성품원가	₩112,800 ×	12,000개 + @22 +	13,800개 × @66 =	₩1,287,600
기말재공품원가		2,000개 × @22 +	400개 × @66 =	70,400
계				₩1,358,000

6 결합원가

(1) 의의

결합제품 또는 연산품(joint product)은 동일한 원재료를 투입하여 생산되는 다양한 제품을 말한다. 결합제품은 낙농업, 정유업, 정육업 등과 같이 원재료를 가공하는 산업분야에서 주로 나타난다. 예를 들면, 정유사들은 원유라는 원재료를 이용하여 휘발유, 경유, 등유 등의 다양한 제품들을 생산하며 이러한 제품들을 결합제품이라고 한다.

결합제품은 아래의 〈그림 6-1〉과 같이 하나의 원재료를 제조공정에 투입하여 다양한 종류의 제품들을 생산하기 때문에 각 제품들을 개별적으로 식별하기 전까지 발생한 제조원가를 각 제품에 배분하는 문제가 발생할 수 있다. 여기에서 결합제품이 각각의 다양한 제품으로 식별되는 시점을 분리점(split-off point)이라고 한다. 또한 분리점 이전에 발생한 제조원가를 결합원가(joint cost), 분리점 이후에 각 개별 제품에 추가적으로 투입된 제조원가를 분리원가(separable cost) 또는 추가가공원가(additional processing cost)라고 한다.

그림 6-1
결합제품과 분리점

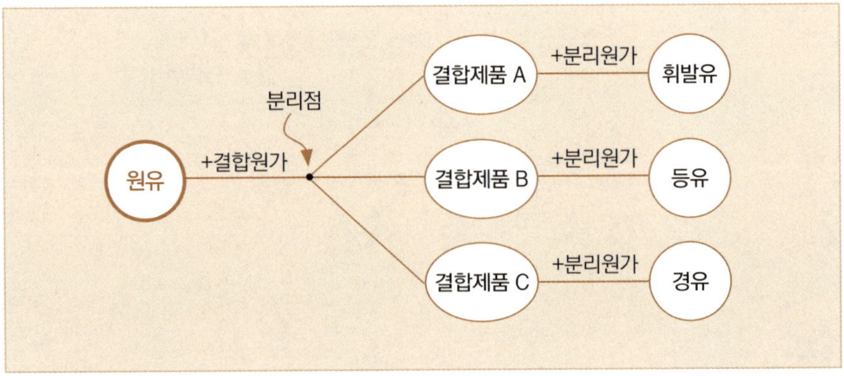

한편, 결합제품과 유사한 개념으로 부산물(by-product)과 작업폐물(scrap)이 있다. 부산물은 분리점 이전까지 개별적으로 각 제품들을 식별할 수 없다는 점에서 결합제품과 유사하나 주산물(main product)인 다른 제품에 비해 상대적인 판매가치가 낮은 제품을 말한다. 예를 들면, 제분공장에서 생산되는 밀이 주산물이라면 밀찌거기는 부산물이 된다. 이에 반해, 작업폐물은 생산에 투입된 원재료로부터 발생한 찌거기와 조각을 의미한다. 예를 들면, 제철소에서 자동차용 철판을 생산하기 위해 투입된 철광석으로부터 발생한 찌거기 또는 조각이 작업폐물에 해당한다. 작업폐물은 판매가치가 거의 없거나 판매비용이 판매가치에 비해 큰 경우가 일반적이다.

(2) 결합원가의 배분

결합제품은 분리점에 도달하기 전까지 개별 제품으로 인식되지 않기 때문에 분리점 이전에 발생한 제조원가인 결합원가를 일정한 기준에 의해 각 결합제품에 배분해야 한다. 결합원가를 결합제품에 배분하는 방법은 다음의 〈그림 6-2〉와 같이 물량기준법(physical measure method), 분리점의 판매가치법(sale value at split-off method), 순실현가능가치법(net realizable value method), 균등이익률법(constant gross margin percentage net realizable value method) 등이 있다.

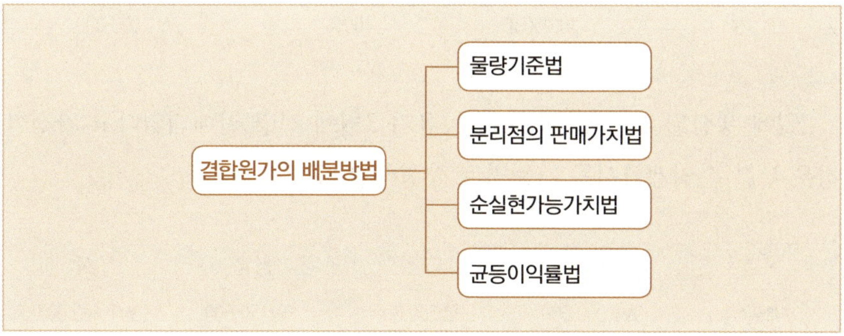

그림 6-2 결합원가의 배분방법

각각의 방법을 다음의 〈사례 6-1〉을 토대로 설명하도록 하겠다.

사례 6-1

2월에 정유사인 (주)성일은 원유를 가공하여 5:2:3의 비율로 휘발유, 경유 및 등유를 생산하기 시작하였다. 2월 한달 동안 원유 10,000ℓ를 투입하여 휘발유 5,000ℓ, 경유 2,000ℓ 및 등유 3,000ℓ를 가공하는 데에 결합원가 ₩1,000,000이 발생하였다. 휘발유, 경유 및 등유의 ℓ당 판매가격은 각각 ₩200, ₩125, ₩50이다.

① 물량기준법(physical measure method)

물량기준법은 각 결합제품의 생산량, 중량, 면적, 용량 등의 물량을 기준으로 결합원가를 배분하는 방법이다. 즉, 동일한 제조공정에서 생산된 결합제품은 결합원가로부터 물량에 따라 서로 다른 경제적 효익을 제공받았기 때문에 각 결합제품의 경제적 효익의 수혜정도인 물량에 따라 제조원가를 배분하는 방법이다. 〈사례 6-1〉에서 결합원가를 배분하기 위한 기준으로 각 제품의 생산량(ℓ)을 선택하였다면 각 제품에 배분되는 결합원가는 다음과 같다.

제품	생산량	배분비율	결합원가 배분액
휘발유	5,000ℓ	50%	₩500,000
경유	2,000ℓ	20%	200,000
등유	3,000ℓ	30%	300,000
계	10,000ℓ	100%	₩1,000,000

2월에 생산된 휘발유, 경유 및 등유가 3월에 전량 판매되었다고 가정할 경우 부분 손익계산서를 기능별로 작성하면 다음과 같다.

구분	휘발유	경유	등유	계
매출액	₩1,000,000	₩250,000	₩150,000	₩1,400,000
매출원가	500,000	200,000	300,000	1,000,000
매출총이익	₩500,000	₩50,000	₩(150,000)	₩400,000
매출총이익률	50%	20%	△100%	28.6%

〈사례 6-1〉과 같이 각 결합제품들의 물량 단위당 판매가격이 큰 차이를 보이는 경우 물량기준법에 의한 결합원가의 배분은 결합제품들의 수익성에 대한 잘못된 정보를 경영자에게 제공할 수 있다. 즉, 휘발유와 경유의 매출총이익률은 각각 50%와 20%로 양의 값을 가지는데 반해 등유의 매출총이익률은 △100%로 음의 값을 가진다. 따라서 경영자는 등유의 판매를 중단할 수 있다. 그런데 등유의 판매를 중단하더라도 등유에 배분되는 결합원가 ₩300,000은 휘발유와 경유에 추가적으로 배분될 것이기 때문에 기업 전체의 매출총이익은 ₩400,000에서 ₩250,000으로 줄어들게 된다. 이와 같은 이유 때문에 물량기준법에 의해 결합원가를 배분하는 경우에는 각 결합제품들의 물량단위당 판매가격이 유사한 경우에 한하여 이용되어야 한다.

② 분리점의 판매가치법(sale value at split-off method)

분리점의 판매가치법은 결합제품의 분리점에서의 상대적 판매가격을 기준으로 결합원가를 배분하는 방법이다. 〈사례 6-1〉에서 결합원가를 배분하기 위한 기준으로 각 제품의 판매가격을 선택하였다면 각 제품에 배분되는 결합원가는 다음과 같다.

제품	분리점의 판매가격	배분비율	계산방법	결합원가 배분액
휘발유	₩1,000,000	71.4%	₩1,000,000×71.4%	₩714,000
경유	250,000	17.9%	1,000,000×17.9%	179,000
등유	150,000	10.7%	1,000,000×10.7%	107,000
계	₩1,400,000	100%	₩1,000,000×100%	₩1,000,000

2월에 생산된 휘발유, 경유 및 등유가 3월에 전량 판매되었다고 가정할 경우 부분 손익계산서를 기능별로 작성하면 다음과 같다.

구분	휘발유	경유	등유	계
매출액	₩1,000,000	₩250,000	₩150,000	₩1,400,000
매출원가	714,000	179,000	107,000	1,000,000
매출총이익	₩286,000	₩71,000	₩43,000	₩400,000
매출총이익률	28.6%	28.6%	28.6%	28.6%

결합원가의 배분기준으로 분리점의 판매가치법을 사용하면 경영자는 개별 결합제품의 수익성과 관련된 잘못된 추정을 피할 수 있다. 즉, 등유의 매출총이익률은 28.6%로 양의 값을 가지므로 경영자는 등유의 판매를 계속적으로 진행할 것이다. 따라서 결합원가를 분리점의 판매가치법에 의해 배분하는 경우 경영자는 등유의 판매를 중단하는 잘못된 의사결정을 피할 수 있게 된다.

③ 순실현가능가치법(net realizable value method)

순실현가능가치법은 개별 결합제품의 순실현가능가치를 기준으로 결합원가를 배분하는 방법이다. 순실현가능가치는 아래와 같이 각 결합제품의 예상 판매가격에서 추가 가공원가와 판매비용을 차감한 금액을 말한다.

순실현가능가치 = 예상 판매가격 – 추가 가공원가 – 판매비용

순실현가능가치법은 분리점에서 결합제품의 판매가격을 알 수 없는 경우에 사용되는 방법이다. 즉, 순실현가능가치법은 분리점에서 판매할 수 없는 결합제품을 추가 가공하여 판매할 수 있는 제품으로 만드는 경우 결합원가를 배분하는 방법이다. 예를 들면, 위의 〈사례 6-1〉에서 경유와 등유가 분리점에서 바로 판매할 수 없고 ℓ당 각각 ₩15과 ₩5의 추가 가공원가가 발생한다고 가정하자. 그러면 위의 경우 경유와 등유의 추가 가공원가는 각각 ₩30,000(₩15×2,000ℓ)과 ₩15,000(₩5×3,000ℓ)이 된다. 결합원가를 배분하기 위한 공정의 흐름도를 제시하면 아래의 〈그림 6-3〉과 같다.

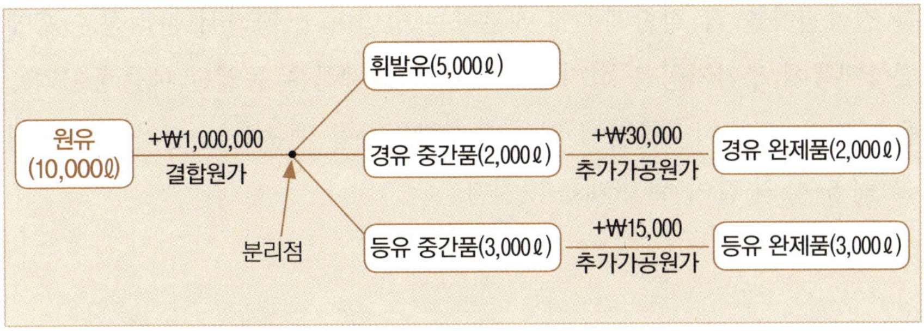

그림 6-3
공정의 흐름도

위의 공정흐름도를 바탕으로 순실현가능가치법에 의하여 결합원가를 배분한다면 다음과 같은 결과를 얻게 된다.

제품	순실현가능가치	배분비율	계산방법	결합원가 배분액
휘발유	₩1,000,000	73.8%	₩1,000,000×73.8%	₩738,000
경유	220,000*1	16.2%	1,000,000×16.2%	162,000
등유	135,000*2	10.0%	1,000,000×100%	100,000
계	₩1,355,000	100%	₩1,000,000×100%	₩1,000,000

*1: 예상 판매가격−추가 가공원가 = ₩125×2,000ℓ − ₩15×2,000ℓ
*2: 예상 판매가격−추가 가공원가 = ₩50×3,000ℓ − ₩5×3,000ℓ

2월에 생산된 휘발유, 경유 및 등유가 3월에 전량 판매되었다고 가정할 경우 부분 손익계산서를 기능별로 작성하면 다음과 같다.

구분	휘발유	경유	등유	계
매출액	₩1,000,000	₩250,000	₩150,000	₩1,400,000
매출원가	738,000	192,000*1	115,000*2	1,045,000
매출총이익	₩262,000	₩58,000	₩35,000	₩355,000
매출총이익률	26.2%	23.3%	23.3%	25.3%

*1: 결합원가 배분액+추가 가공원가=₩162,000+₩15×2,000ℓ
*2: 결합원가 배분액+추가 가공원가=₩100,000+₩5×3,000ℓ

④ 균등이익률법(constant gross margin percentage net realizable value method)

균등이익률법은 모든 결합제품에 대해 동일한 매출총이익률을 가지도록 결합원가를 각 결합제품에 배분하는 방법이다. 따라서 분리점 이후에 결합제품에 추가가공을 하더라도 모든 결합제품은 동일한 매출총이익률을 가진다. 균등이익률법에 의해서 결합원가를 배분하는 절차는 다음의 〈그림 6-4〉와 같이 두 단계를 거친다.

그림 6-4

결합원가의 배분절차

1단계: **평균 매출원가율 산정**

↓

2단계: **제품별 결합원가 배분액 결정**

균등이익률법에 의하여 결합원가를 배분하면 모든 결합제품에 대해서 동일한 매출원가율을 가져야 하므로 첫 번째 단계로 모든 결합제품들의 평균 매출원가율을 아래와 같이 산정한다.

$$\text{평균 매출원가율} = \frac{\text{총 매출원가}}{\text{총 매출액}}$$

$$= \frac{\text{총 결합원가+총 추가 가공원가 + 총 판매비용}}{\text{예상 매출액}}$$

첫 번째 단계에서 평균 매출원가율이 계산되면 이를 각 결합제품의 예상 판매가격에 곱하여 각 결합제품의 매출원가를 구하고 위의 금액에서 각 결합제품의 추가 가공원가와 판매비용을 차감하여 결합제품별 결합원가배분액을 구한다.

$$\text{결합원가 배분액} = \text{결합제품 별 예상 판매가격} \times \text{평균 매출원가율} - (\text{추가 가공원가} + \text{판매비용})$$

〈사례 6-1〉에서 결합원가를 균등이익률법에 의해 배분한다면 다음과 같은 결과를 얻게 된다. 우선 평균 매출원가율은 74.64%{(₩1,000,000+₩45,000)÷(₩1,000,000+₩250,000+₩150,000)}가 된다. 다음으로 각 결합제품의 결합원가배분액은 아래와 같다.

제품	예상 매출액	평균매출 원가율	매출원가	추가 가공원가	결합원가 배분액
휘발유	₩1,000,000		₩746,400	-	₩746,400
경유	250,000	74.64%	186,600	₩30,000	156,600
등유	150,000		112,000	15,000	97,000
계	₩1,400,000		₩1,045,000	₩45,000	₩1,000,000

2월에 생산된 휘발유, 경유 및 등유가 3월에 전량 판매되었다고 가정할 경우 부분 손익계산서를 기능별로 작성하면 다음과 같다.

구분	휘발유	경유	등유	계
매출액	₩1,000,000	₩250,000	₩150,000	₩1,400,000
매출원가	746,400	186,600	112,000	1,045,000
매출총이익	₩253,600	₩63,400	₩38,000	₩355,000
매출총이익률	25.3%	25.3%	25.3%	25.3%

이와 같이 균등이익률법에 의해 결합원가를 배분하는 경우 분리점 이후에 결합원가에 대해 추가가공을 하더라도 각 결합제품의 매출총이익률은 동일하게 된다.

(3) 추가가공 의사결정

결합제품과 관련하여 분리점에서 판매시장이 존재하는 경우 결합제품을 분리점에서 즉시 판매하거나 추가가공하여 판매할 수도 있다. 이러한 경우 경영자는 아래의 〈그림 6-5〉와 같이 분리점 이후에 추가가공으로 인하여 얻게 되는 판매가격의 증가분(추가 가공 후 판매가격 - 분리점에서의 판매가격)과 추가 가공원가를 비교하여 전자가 더 크면 추가 가공을 하여 판매하고, 후자가 더 크면 추가 가공 없이 분리점에서 즉시 판매할 것이다. 그러나 경영자는 결합제품에 배분되는 결합원가는 고려하지 않을 것이다. 왜냐하면, 결합원가는 추가가공 여부에 영향을 미치지 않는 이미 발생한 원가이기 때문이다.

그림 6-5
추가가공에 대한 의사결정

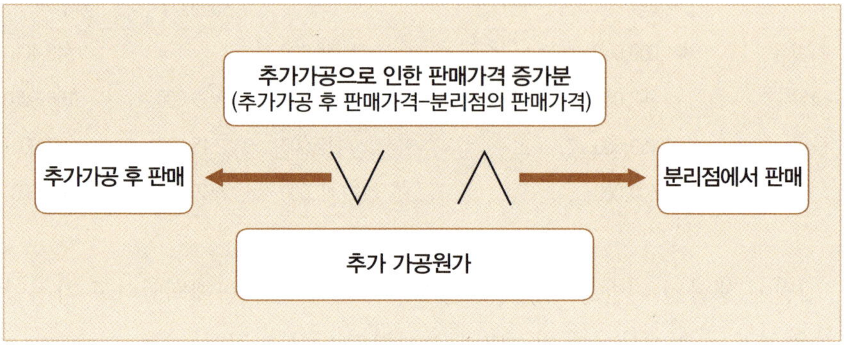

위의 〈사례 6-1〉에서 휘발유에 추가 가공원가 ₩50,000을 투입하여 ℓ 당 판매가격 ₩220에 판매할 수도 있다고 가정하자. 이 경우 경영자는 추가 가공으로 인한 얻게 되는 판매가격의 증가분 ₩100,000(=₩220×5,000ℓ-₩200×5,000ℓ)과 추가 가공원가(₩50,000)를 비교하게 된다. 휘발유를 추가 가공하는 경우 아래와 같이 ₩50,000(₩20×5,000ℓ-₩50,000)의 추가 이익을 창출할 수 있기 때문에 경영자는 추가 가공을 할 것이다.

구 분	계산과정
증분수익:	₩220×5,000ℓ - ₩200×5,000ℓ = ₩100,000
증분원가:	50,000
증분이익	₩50,000

7 변동원가

(1) 의의

제품원가를 구성하는 항목에 따라 아래와 같이 전부원가, 변동원가 및 초변동원가로 구분된다.

구분	전부원가	변동원가	초변동원가
제품원가	직접재료원가 직접노무원가 변동제조간접원가 고정제조간접원가	직접재료원가 직접노무원가 변동제조간접원가 –	직접재료원가 – – –
기간비용	– – – 판매비와 관리비	– – 고정제조간접원가 판매비와 관리비	직접노무원가 변동제조간접원가 고정제조간접원가 판매비와 관리비

전부원가(absorption cost)에 의한 제품원가계산에서는 직접재료원가, 직접노무원가, 변동제조간접원가, 고정제조간접원가를 모두 제품원가에 포함시킨다. 한편, 변동원가(variable cost)에서는 변동제조원가인 직접재료원가, 직접노무원가 및 변동제조간접원가만을 제품원가에 포함시키고 고정제조간접원가는 발생한 기간의 비용으로 처리한다. 또한 초변동원가(super-variable cost)에서는 제조원가 중 직접재료원가를 제외한 직접노무원가, 변동제조간접원가 및 고정제조간접원가를 기간비용으로 처리한다.

(2) 제품원가와 손익의 계산절차

다음의 〈사례 7-1〉을 통해 전부원가, 변동원가 및 초변동원가계산에 의해 제품원가와 기간손익을 구체적으로 산정하도록 한다.

(주)상희의 20×2년의 단위당 판매가격, 변동원가 및 고정원가에 대한 자료는 다음과 같다.

항목	금액	항목	금액
단위당 판매가격	₩50	연간 고정제조간접원가	₩240
단위당 직접재료원가	8	연간 고정판매비와 관리비	160
단위당 직접노무원가	14	연간 생산량	30
단위당 변동제조간접원가	4	기초 제품 재고량	5
단위당 변동판매비와 관리비	4	당기 판매량	33

① 전부원가계산

전부원가계산에 의한 손익계산서를 작성하면 아래와 같다.

구 분		금액	비 고
매출액		₩1,650	₩50×33개
매출원가		(1,122)	
변동 제조원가	₩858		(₩8+₩14+₩4)×33개
고정 제조간접원가	₩264		$\frac{₩240}{30개}$×33개
매출총이익		₩528	
판매비와 관리비		(292)	
변동 판관비	132		₩4×33개
고정 판관비	160		
영업이익		₩236	

전부원가계산에서의 매출원가는 변동 제조원가인 직접재료원가, 직접노무원가, 변동제조간접원가와 고정제조간접원가로 구성되어 있다. 따라서 제품 당 변동 제조원가는 ₩26(=₩8+₩14+₩4)이 되며, 고정 제조원가는 연간 고정 제조원가를 당기의 생산량을 나눈 ₩8(=₩240÷30개)

이 된다. 당기의 판매량이 33개이므로 매출액은 ₩1,650이며, 매출원가는 ₩1,122(=₩34×33개)이 되어 매출총이익은 ₩528으로 결정된다. 또한 당기의 판매비와 관리비는 변동 판매비와 관리비 ₩132(=₩4×33개)과, 고정 판매비와 관리비 ₩160이 되어 영업이익은 ₩236으로 산출된다.

그런데 전부원가계산에서는 매출원가에 고정 제조간접원가를 포함시키므로 경영자의 생산계획에 따라 제품원가가 달라진다는 문제가 발생한다. 예를 들면, 경영자가 당기에 제품의 생산량을 60개로 증가시키면 제품원가는 ₩34(=₩8+₩14+₩4+₩8)에서 ₩30(=₩8+₩14+ ₩4+₩4)으로 감소하게 된다. 따라서 경영자는 기업의 경영성과를 늘리기 위해 불필요한 재고자산을 과잉생산할 유인이 존재한다.

② 변동원가계산

변동원가계산에 의한 손익계산서를 작성하면 다음과 같다.

구 분		금 액	비 고
매출액		₩1,650	₩50×33개
변동비		(990)	
변동 매출원가	₩858		(₩8+₩14+₩4)×33개
변동 판매비와 관리비	132		₩4×33개
공헌이익		₩660	
고정비		(400)	
고정 제조간접원가	₩240		
고정 판매비와 관리비	160		
영업이익		₩260	

변동원가계산에서의 변동비는 변동 매출원가인 직접재료원가, 직접노무원가, 변동제조간접원가와 변동 판매비와 관리비로 구성된다. 따라서 제품 당 변동 매출원가는 ₩26(=₩8+₩14+₩4)이 되며, 변동 판매비와 관리비는 ₩4이다. 변동원가계산에서는 전부원가계산과는 다르게 매출원가

에 변동 제조원가만을 포함시키므로 제품의 생산량에 따라 제품의 단가가 변동하지 않는다.

당기의 판매량이 33개이므로 매출액은 ₩1,650(=₩50×33개)이며, 변동비는 ₩990(=₩858+₩132)이 되어 공헌이익은 ₩660으로 결정된다. 공헌이익이란 고정비를 보상하고도 이익에 공헌할 수 있는 금액을 의미한다. 예를 들면, 제품 단위당 공헌이익이 ₩20(=₩50-₩26-₩4)이고 고정비(고정제조간접원가와 고정 판매비와 관리비)가 ₩400(=₩240+₩160)이므로 영업이익이 0인 손익분기점의 제품 판매량은 20개가 된다. 따라서 판매량이 증가함에 따라 고정비가 회수되고 손익분기점인 20개를 초과하는 경우에는 단위당 공헌이익만큼 영업이익이 증가하게 된다.

이와 같이 변동원가계산에 의해 손익계산서를 작성하면 판매량의 변동이 기업의 영업이익에 얼마나 민감하게 반응하는지를 분석할 수 있으며 경영자가 제품의 생산계획을 수립하거나 가격을 책정하는 경영의사결정에 유용한 정보를 제공한다.

③ 초변동원가계산

초변동원가계산에 의한 손익계산서를 작성하면 아래와 같다.

구분		금액	비고
매출액		₩1,650	₩50×33개
직접 재료원가		(264)	₩8×33개
재료처리량 공헌이익		₩1,386	
운영비용		(1,072)	
직접 노무원가	₩420		₩14×30개
변동 제조간접원가	120		₩4×30개
고정 제조간접원가	240		
변동 판매비와 관리비	132		₩4×33개
고정 판매비와 관리비	160		
영업이익		₩314	

초변동원가계산에서의 재료처리량 공헌이익은 매출액에서 직접재료원가만을 차감하여 산출한다. 따라서 당기의 판매량 33개를 고려한 매출액은 ₩1,650(=₩50×33개)이며, 직접재료원가가 ₩264(=₩8×33개)이므로 재료처리량 공헌이익은 ₩1,386(=₩1,650×₩264)으로 결정된다. 한편, 운영비용은 재료처리량 공헌이익을 얻기 위해 투입된 직접 재료원가를 제외한 모든 원가로 직접 노무원가, 변동 제조간접원가, 고정 제조간접원가, 변동 판매비와 관리비, 고정 판매비와 관리비 등이 있다. 즉, 초변동원가계산에서는 직접 재료원가를 제외한 나머지 원가를 단기적으로 변동시킬 수 없는 고정원가로 보아 발생한 시점에 비용으로 처리하고 있다.

④ 각 제품원가계산방법의 영업이익 차이조정

각각의 원가계산방법은 제품원가에 포함시키는 항목들이 다르기 때문에 각 방법 간의 영업이익은 차이가 발생한다. 즉, 기초 재고자산과 기말 재고자산에 포함되어 있는 제조원가의 차이로 인하여 영업이익은 각 방법 간에 서로 다르게 나타난다. 우선 전부원가계산과 변동원가계산간의 영업이익의 차이를 〈사례 7-1〉을 통해 자세히 살펴본다.

전부원가계산과 변동원가계산간 영업이익의 차이는 고정제조간접원가의 제품원가 포함여부에 따라 달라진다. 즉, 전부원가계산에서는 고정제조간접원가를 생산시 제품원가에 포함시키고 판매시 매출원가로 비용으로 처리한다. 이에 반해 변동원가계산에서는 고정제조간접원가를 발생시 전액 비용으로 처리한다. 따라서 아래의 〈그림 7-1〉과 같이 전부원가계산하에서의 재고자산이 변동원가계산하에서의 재고자산에 비해 고정제조간접비만큼 과대 표시되게 된다.

그림 7-1

비용화된 고정제조 간접비 차이

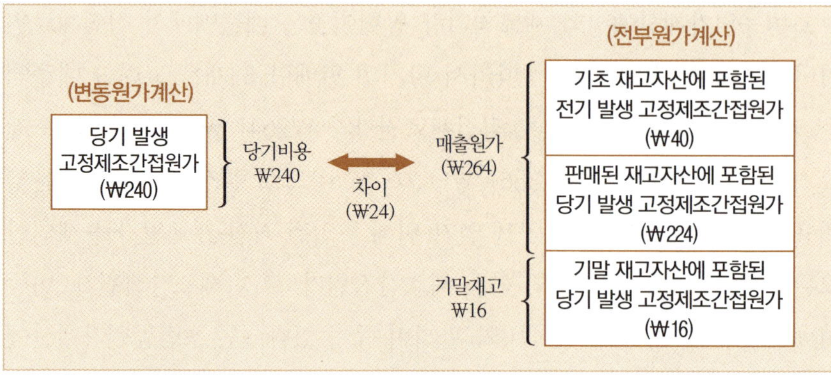

앞의 그림에서 알 수 있듯이 변동원가계산에서는 당기에 발생한 고정제조간접원가 ₩240을 발생시점에 전부 비용으로 처리하였다. 이에 반해 전부원가계산하에서 매출원가로 비용으로 처리된 고정제조간접원가는 기초재고자산에 포함되어 있는 고정제조간접원가 ₩40(₩8×5개)과 당기에 생산되어 판매된 재고자산에 포함되어 있는 고정제조간접원가 ₩224(=₩8×28개)의 합인 ₩264으로 구성되어 있다. 따라서 변동원가계산과 전부원가계산의 영업이익차이는 다음과 같이 변동원가계산하의 영업이익에서 기말의 재고자산에 포함되어 있는 고정제조간접원가를 가산하고 기초의 재고자산에 포함되어 있는 고정제조간접원가를 차감하여 계산할 수 있다.

항 목	금 액
변동원가계산하의 영업이익	₩260
(+) 기말재고자산에 포함된 고정제조간접원가	16
(−) 기초재고자산에 포함된 고정제조간접원가	(40)
전부원가계산하의 영업이익	₩236

한편, 전부원가계산과 초변동원가계산 간 영업이익의 차이는 가공원가(직접노무원가, 변동 제조간접원가 및 고정 제조간접원가)의 제품원가 포함여부에 따라 달라진다. 즉, 전부원가계산에서는 가공원가가 발생시 제품원가에 포함시키고 판매시 매출원가로 비용으로 처리한다. 이에 반해 초변동원가계산에서는 가공원가를 발생시 전액 비용으로 처리한다. 따라서 아래의

〈그림 7-2〉와 같이 전부원가계산하에서의 재고자산이 초변동원가계산하에서의 재고자산에 비해 가공원가만큼 과대 표시되게 된다.

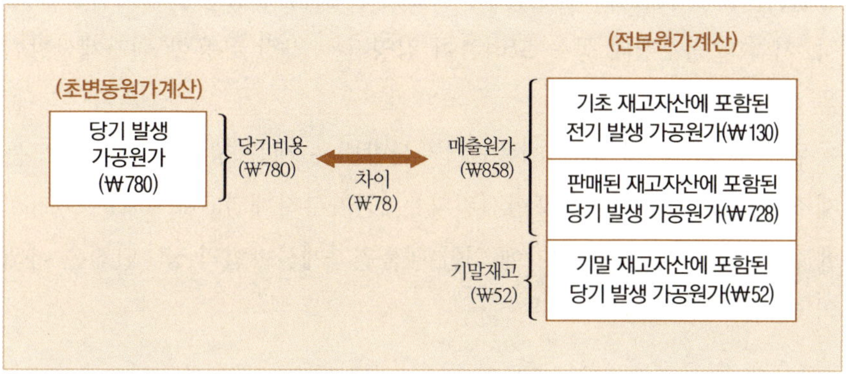

그림 7-2
비용화된 가공원가 차이

위의 그림에서 알 수 있듯이 초변동원가계산에서는 당기에 발생한 가공원가 ₩780(=₩14×30개+₩4×30개+₩240)을 발생시점에 전부 비용으로 처리하였다. 이에 반해 전부원가계산하에서 매출원가로 처리된 가공원가는 기초 재고자산에 포함되어 있는 가공원가 ₩130(₩14×5개+₩4×5개+₩8×5개)과 당기에 생산되어 판매된 재고자산에 포함되어 있는 가공원가 ₩728(₩14×28개+₩4×28개+₩8×28개)의 합인 ₩858으로 구성되어 있다. 따라서 초변동원가계산과 전부원가계산의 영업이익차이는 다음과 같이 초변동원가계산하의 영업이익에서 기말의 재고자산에 포함되어 있는 가공원가를 가산하고 기초의 재고자산에 포함되어 있는 가공원가를 차감하여 계산할 수 있다.

항 목	금 액
초변동원가계산하의 영업이익	₩314
(+) 기말재고자산에 포함된 가공원가	52
(−) 기초재고자산에 포함된 가공원가	(130)
전부원가계산하의 영업이익	₩236

(3) 제품원가와 손익의 계산절차

위에서 살펴본 전부원가, 변동원가 및 초변동원가에 의한 제품원가계산 방법은 서로 다른 장 · 단점을 지니고 있다. 따라서 경영자의 의사결정 목적, 기업의 원가행태 등을 고려하여 경영자는 가장 유용한 원가계산방법을 선택해야 한다.

우선 전부원가에 의한 제품원가계산방법은 제품 생산과 관련된 모든 제조원가를 제품원가에 포함시킨다는 '원가부착개념(cost-attach concept)'에 근거하고 있다. 전부원가에 의한 제품원가계산방법의 장 · 단점은 아래의 〈그림 7-3〉과 같다.

그림 7-3
전부원가계산방법의 장·단점

장 점	단 점
• 경영자의 장기적 의사결정에 적합한 정보제공 • 제품원가의 자의적 구분 없음 • 수익 · 비용 대응원칙 부합	• 생산량 변동에 따라 제품원가 변동 • 영업이익이 생산량에 의해 영향 받음

전부원가계산방법의 장점은 첫째, 모든 제조원가가 제품원가를 구성하므로 경영자의 장기적인 의사결정에 적합한 회계정보를 제공한다. 즉, 장기적인 관점에서 볼 때 모든 제조원가는 변동원가이므로 전부원가계산방법은 경영자가 장기적 관점에서 제품과 관련된 의사결정을 하도록 도움을 준다. 둘째, 전부원가계산방법에서는 모든 제조원가를 제품원가에 포함시키므로 혼합원가의 형태를 지닌 항목들(예: 공장 감독직원의 급여, 전기료, 수도료 등)에 대해서 자의적으로 구분할 필요가 없다. 셋째, 전부원가계산에서는 고정제조간접원가를 제품원가에 포함시킨 후 제품이 판매될 때 매출원가로 대체시키므로 제품의 판매라는 수익에 비용이 적절히 대응된다.

한편, 전부원가계산방법의 단점은 고정제조간접원가를 제품원가에 포함시켜 생산량의 변동에 따라 제품의 단가가 달라지는 현상이 발생한다. 따라서 경영자는 양호한 경영성과를 위해 필요이상으로 재고자산을 생산할 유인이 존재한다. 이로 인하여 영업이익이 제품의 판매량뿐만 아니라 생산량에 의해서도 영향을 받는다는 문제점이 있다.

이에 반해 변동원가에 의한 제품원가계산방법의 장 · 단점은 아래의 〈그림 7-4〉와 같다.

그림 7-4 **변동원가계산방법의 장·단점**

장 점	단 점
• 경영자의 단기적 의사결정에 적합한 정보제공 • 경영자가 판매에 집중 • 생산량 변동과 무관하게 제품원가 결정	• 제품원가의 자의적 구분 • 수익 · 비용 대응원칙 부합 안함

변동원가계산방법의 장점은 첫째, 모든 변동제조원가가 제품원가를 구성하므로 경영자의 단기적인 의사결정에 적합한 회계정보를 제공한다는 점이다. 즉, 단기적인 관점에서 볼 때 고정제조간접원가는 제품의 생산과 무관하므로 발생시 비용으로 처리하는 것이 경영자의 제품과 관련된 단기적인 의사결정에 도움을 준다. 둘째, 변동원가계산방법에서는 영업이익이 오로지 제품의 판매량에 의해 결정되므로 경영자가 제품의 생산량이 아니라 판매량에 집중할 수 있게 도움을 준다. 셋째, 변동원가계산방법에서는 고정제조간접원가를 발생시점에 비용으로 처리하므로 생산량의 변동에 따라 제품의 단가가 변동하지 않는다.

한편, 변동원가계산방법의 단점은 모든 변동제조원가만을 제품원가에 포함시키기 때문에 혼합원가의 형태를 지닌 항목들(예: 공장 감독직원의 급여, 전기료, 수도료 등)을 경영자의 주관적 판단에 따라 자의적으로 구분해야 하는 문제가 발생한다. 또한, 변동원가계산에서는 고정제조간접원가를 발생한 시점에 즉시 비용으로 처리하므로 제품의 판매라는 수익에 비용이 적절히 대응되지 못한다.

마지막으로 초변동원가에 의한 제품원가계산방법의 장 · 단점은 아래의 〈그림 7-5〉와 같다.

그림 7-5
초변동원가계산 방법의 장·단점

장점	단점
• 재고자산 보유 최소화 • 제품원가의 자의적 구분없음	• 수요불확실하거나 규모경제 존재시 영업에 악영향 • 재고자산의 덤핑판매

초변동원가계산방법의 장점은 첫째, 제품원가가 직접재료원가만으로 구성되어 있으므로 경영자는 재고자산의 보유를 최소화하도록 유도한다. 왜냐하면, 당기에 발생한 모든 가공원가 (노무원가와 제조간접원가)는 발생한 시점에 비용으로 처리되므로 불필요한 재고자산의 생산은 영업이익을 악화시키기 때문이다. 둘째, 초변동원가계산에서는 직접재료원가만이 제품원가를 구성하므로 혼합원가의 형태를 갖는 항목들을 자의적으로 구분할 필요성이 없다.

한편, 초변동원가계산은 경영자의 재고자산 보유를 최소화하도록 유도하므로 수요가 불확실하거나 재고자산의 생산과 관련하여 규모의 경제가 적용되는 경우 영업이익을 오히려 악화시킬 수 있다. 또한 재고자산이 누적되는 것을 피하고자 제품의 판매가격을 지나치게 낮게 책정하는 문제점도 존재한다.

종합예제 영업이익의 차이비교

전부(흡수)원가계산에 의하여 작성한 개업 후 3년간의 포괄손익계산서는 다음과 같다.

(1) 전부원가계산 포괄손익계산서(기능별 표시)

	1차년도	2차년도	3차년도
매 출 액	₩704,000	₩528,000	₩704,000
매 출 원 가	520,000	330,000	680,000
매 출 총 이 익	₩184,000	₩198,000	₩24,000
판 매 관 리 비	180,000	160,000	180,000
영 업 이 익	₩4,000	₩38,000	₩(156,000)

(2) 원가자료

단위당 변동제조원가	₩3
고정제조간접비	400,000
고정판매관리비	100,000

(3) 3차기간 동안 생산량 및 판매량

	1차년도	2차년도	3차년도
생 산 량	40,000개	50,000개	20,000개
판 매 량	40,000개	30,000개	40,000개

요구사항

1. 변동원가계산에 의하여 각 연도 포괄손익계산서 작성하시오.
2. 전부(흡수)원가계산 1차년도와 2차년도 포괄손익계산서를 보면 판매량이 작은 2차년도 순이익이 1차년도 순이익보다 오히려 크다. 그 이유를 설명하고 근거수치를 제시하시오.
3. 위의 전부(흡수)원가계산에 의한 1차년도와 3차년도의 포괄손익계산서를 보면 비록 동일한 수량을 판매하였으나 순이익(손실)에 있어서 큰 차이를 보이고 있다. 그 이유를 설명하고, 순이익의 관계를 나타내시오.

해 답

1. 변동원가계산에 의한 포괄손익계산서

포괄손익계산서(변동원가계산)

	1차년도		2차년도		3차년도	
매출액		₩704,000		₩528,000		₩704,000
변동비		200,000		150,000		200,000
기초제품재고액	₩0		₩0		₩60,000	
당기제품제조원가	120,000		150,000		60,000	
계	₩120,000		₩150,000		₩120,000	
기말제품재고액	(0)		(60,000)		(0)	
변동매출원가	₩120,000		₩90,000		₩120,000	
변동판매관리비	80,000		60,000		80,000	
공헌이익		₩504,000		₩378,000		₩504,000
고정비		500,000		500,000		500,000
고정제조간접비	₩400,000		₩400,000		₩400,000	
고정판매관리비	100,000		100,000		100,000	
영업이익		₩4,000		₩(122,000)		₩4,000

2. 전부원가계산에서 순이익차이

2차년도와 1차년도의 순이익차이는 다음과 같다.

2차년도 순이익	₩38,000
1차년도 순이익	4,000
순이익차이	₩34,000

(1) 공헌이익감소액 : ₩126,000

- 단위당 공헌이익 : @12.6(=@17.6 - @3 - @2)
- 판매량 감소량 : 10,000단위

(2) 자산화된 고정제조간접비 : @8 × 20,000 = ₩160,000

3. 생산량 변동에 따른 순이익 변동

판매량이 동일한 경우라도 생산량이 감소하면 비용화되는 고정제조간접비가 증가되어 순이익은 감소한다.

(1) 1차년도 비용화된 고정비 : ₩400,000

(2) 3차년도 비용화된 고정비 : ₩160,000(2차년도 발생분) + ₩400,000(3차년도 발생분)

8 활동기준원가

(1) 의의

활동기준원가계산(ABC: activity based costing)은 기업의 기능을 여러 가지 활동으로 구분할 다음 활동을 기준으로 원가를 집계하고 활동에 따른 적절한 원가동인(cost driver)을 파악하여 집계된 원가를 원가동인에 따라 제품에 배부하는 원가계산방법이다. 즉, 기업들은 제품을 생산하기 위해 경제적 자원을 소비하는 다양한 활동들을 수행하며 이러한 활동들을 수행하면서 발생한 원가를 제품에 보다 정확하게 배부하기 위해 원가를 발생시킨 활동별 원가동인을 파악하여 원가계산을 하는 방법이다. 다음의 〈그림 8-1〉은 일반적인 제조기업의 활동기준원가계산의 절차를 나타낸 것이다.

그림 8-1
활동기준원가계산

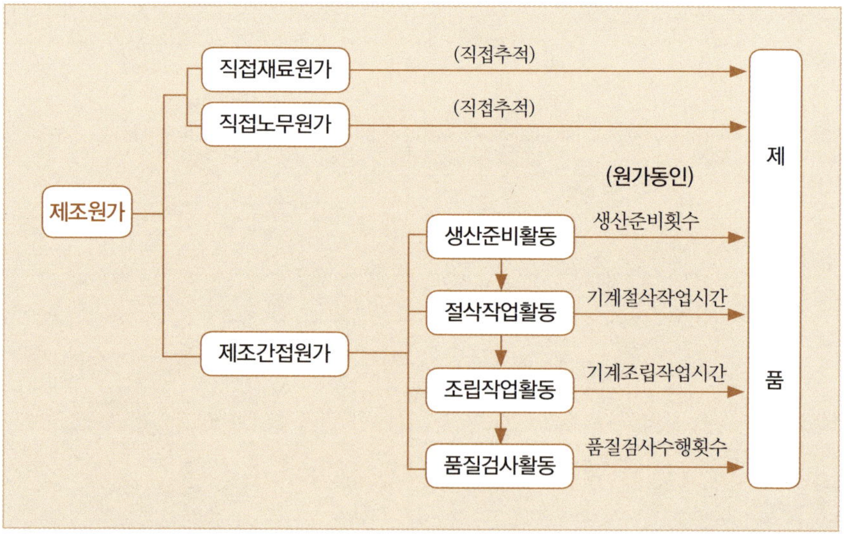

활동기준원가계산은 생산공정이 자동화되면서 제조간접원가가 제품원

가에서 차지하는 비중이 증가함에 따라 기존의 전통적인 원가계산방식의 한계점을 극복하고자 1980년대 미국기업을 중심으로 도입되었다. 즉, 전통적인 개별원가계산방식에서는 제조간접원가를 기계시간, 노무시간 등 생산량 중심의 조업도를 중심으로 제품에 배부하였다. 그러나 제조간접원가의 비중이 커지고 제조활동이 복잡해짐에 따라 기존의 생산량을 중심으로 제조간접원가를 제품에 배부하는 방법으로는 제품원가를 정확히 산정하는데 한계점이 존재한다.

따라서 위의 〈그림 8-1〉과 같이 제조간접원가를 발생시키는 활동들(예: 생산준비활동, 절삭작업활동, 조립작업활동, 품질관리활동 등)을 구체적으로 파악한 뒤 각 활동에 적합한 다양한 배부기준인 원가동인을 찾아내어 각 개별제품에 배부하는 것이다. 예를 들면, 일반적인 제조기업의 제조간접원가는 생산준비활동, 절삭작업활동, 조립작업활동 및 품질검사활동 등에서 발생하며 이에 적합한 제조간접원가의 배부기준은 각각 생산준비횟수, 기계절삭작업시간, 기계조립작업시간 및 품질검사수행횟수가 될 수 있다.

(2) 활동의 구분

활동기준원가계산에서는 활동별로 원가가 집계되므로 활동에 대한 이해가 선행되어야 한다. 활동(activity)은 기업이 운영되기 위해서 필요한 세부적인 업무 프로세스를 의미하며 기업들은 활동을 통해 경제적 자원을 소비하여 기업의 가치를 창출한다. 예를 들면, 제품의 연구개발, 원재료의 구매, 운송, 작업준비, 부품조립, 품질관리, 시설유지보수 등이 활동에 해당한다.

일반적으로 활동기준원가계산에서의 활동은 아래의 〈그림 8-2〉와 같이 그 계층구조에 따라 설비수준활동, 제품수준활동, 배치수준활동 및 단위수준활동으로 구분된다.

그림 8-2
활동의 계층구조

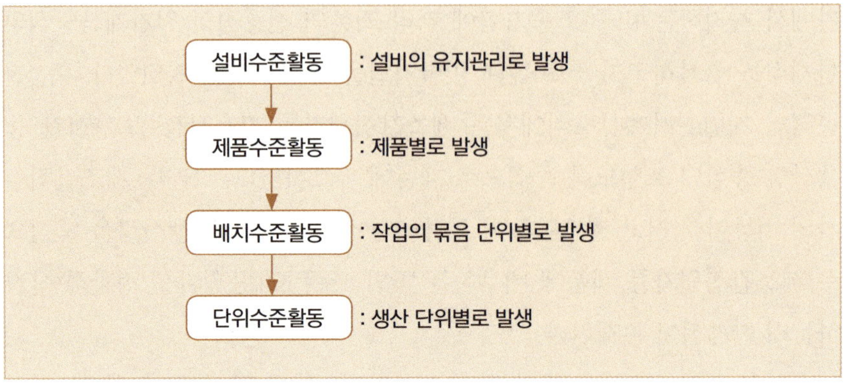

설비수준활동(facility level activity)은 생산공장의 제조공정을 유지관리하기 위해 수행되는 활동이다. 예를 들면, 공장의 보안경비 활동, 환경미화 활동, 설비유지보수 활동, 안전유지 활동 등이 포함되며 설비수준활동에서 발생하는 원가는 제품의 생산량, 배치수, 제품의 수와는 무관하게 일정하게 발생하다. 한편, 제품수준활동(product level activity)은 기업이 생산하는 제품의 제조라인을 유지하기 위해 수행되는 활동이다. 즉, 제품의 개발활동, 제품의 개선활동, 제품의 품질유지활동 등이 제품수준활동에 포함되며 이와 관련된 원가는 제품종류의 수에 따라 비례적으로 발생한다. 다음으로 배치수준활동(batch level activity)은 작업의 묶음 단위인 배치별로 수행되는 활동을 말한다. 예컨대, 묶음 단위로 수행되는 구매주문활동, 제품운송활동, 품질검사활동 등이 배치수준활동에 포함되며 이에 대한 원가는 배치수를 나타내는 횟수나 건수 등에 따라 발생한다. 마지막으로 단위수준활동(unit level activity)은 제품의 생산량에 따라 비례적으로 발생하는 활동으로 절삭작업 활동, 조립작업 활동, 전수 품질검사 활동 등이 이에 해당한다. 이러한 단위수준활동과 관련된 원가는 제품의 생산량에 따라 비례적으로 발생한다.

(3) 활동기준원가의 계산절차

활동기준원가계산은 일반적으로 아래의 〈그림 8-3〉과 같이 다섯 단계를 거친다.

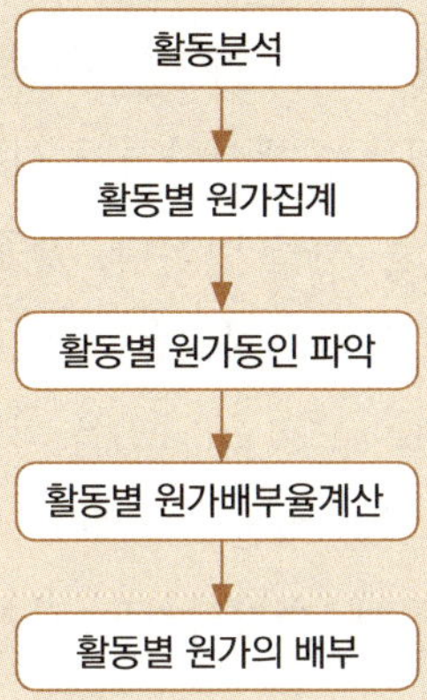

그림 8-3

활동기준원가의 계산절차

활동기준원가계산의 절차를 다음의 〈사례 8-1〉을 통해 구체적으로 살펴본다.

사례 8-1

활동기준원가계산을 채택하고 있는 (주)승진은 고급 승용차와 일반 승용차를 생산하고 있으며 연간 생산량은 각각 200단위와 300단위이다. 직접재료원가, 직접노무원가, 활동구분, 원가동인, 활동별 원가, 활동사용에 대한 자료는 다음과 같다.

1. 직접재료원가와 직접노무원가

구 분	고급 승용자	일반 승용차
생산량	200단위	300단위
직접재료원가	₩40,000	₩20,000
직접노무원가	20,000	13,000

2. 제조간접원가

활동구분	원가동인	활동별 원가	활동사용		
			고급 승용차	일반 승용차	계
생산준비	생산준비 횟수	₩8,000	4회	4회	8회
절삭작업	절삭기계작업시간	10,000	4시간	1시간	5회
조립작업	조립기계작업시간	20,000	8시간	2시간	10시간
품질검사	검사시간	60,000	4시간	2시간	6시간

① 활동분석

활동기준원가계산을 적용하기 위해서는 우선 활동을 분석해야 한다. 활동분석(activity analysis)은 제품을 생산하거나 서비스를 제공하는데 투입된 활동들을 구분하여 분석하는 것을 말한다. 활동분석을 통해 제품이나 서비스의 가치를 증가시키는 부가가치활동(value added activity)과 그렇지 못한 비부가가치활동(non-value added activity)을 파악할 수 있다. 이러한 비부가가치활동은 경제적 자원의 낭비만 초래하고 기업의 가치증대와 무관하므로 적절한 활동관리를 통해 제거시키는 것이 효과적인 원가절감방안이다.

위의 〈사례 8-1〉에서 제조간접원가를 발생시키는 활동으로 생산준비, 절삭작업, 조립작업 및 품질검사 등으로 구분하였다.

② 활동별 원가집계

활동분석이 종료되면 파악된 활동별로 투입된 경제적 자원인 원가를 집계해야 한다. 이 때 활동별 원가를 집계하는 단위를 활동중심점(activity center)라고 한다. 활동중심점은 개별 활동별로 설정하거나 유사한 활동을 묶어서 설정할 수도 있다. 기업이 제품을 생산하거나 서비스를 제공하는 경우 투입되는 활동은 매우 다양하기 때문에 일반적으로 유사한 활동들을 통합하여 활동중심점을 설정한다.

〈사례 8-1〉에서는 제조간접원가에 대해서 생산준비, 절삭작업, 조립작업 및 품질검사 등 4개의 활동중심점을 설정했으며 각각의 원가를 ₩8,000, ₩10,000, ₩20,000 및 ₩60,000으로 집계하였다.

③ 활동별 원가동인 파악

활동중심점별로 원가를 집계한 다음 집계된 원가를 제품이나 서비스에 배부하기 위한 배부기준을 설정해야 한다. 이러한 배부기준을 원가동인(cost driver)라고 한다. 이러한 원가동인은 투입된 활동과 인과관계가 높아야 하며 측정이 용이해야 한다. 원가동인의 유형으로는 거래동인(예: 구매주문건수, 작업준비건수, 원재료처리건수 등), 시간동인(예: 노동시간, 기계작업시간, 검사시간 등) 등이 있다.

〈사례 8-1〉에서는 생산준비 횟수, 절삭기계작업시간, 조립기계작업시간, 검사시간을 각각 생산준비활동, 절삭작업활동, 조립작업활동 및 품질검사활동에 대한 원가동인으로 결정하였다.

④ 활동별 원가배부율 계산

활동중심점별로 원가를 집계하고 원가동인이 결정되었으면 다음과 같이 활동중심점별로 원가배부율을 산정해야 한다.

$$\text{활동중심점별 원가배부율} = \frac{\text{활동중심점별 총원가}}{\text{활동중심점별 원가동인의 총량}}$$

〈사례 8-1〉에서는 생산준비활동, 절삭작업활동, 조립작업활동 및 품질검사활동에 대한 원가배부율을 산정하면 다음과 같다.

활동중심점	활동별 원가		원가동인의 총수		활동중심점별 원가배부율
생산준비	₩8,000	÷	8회	=	@1,000
절삭작업	10,000	÷	5회	=	2,000
조립작업	20,000	÷	10시간	=	2,000
품질검사	60,000	÷	6시간	=	10,000

〈사례 8-1〉에서는 활동중심점을 4개를 설정하였으며 활동별 원가를 원가동인의 총수로 나누어 활동중심별 원가배부율을 산정하였다. 이렇게 산정한 생산준비활동, 절삭작업활동, 조립작업활동 및 품질검사활동에 대한 원가배부율은 각각 ₩1,000, ₩2,000, ₩2,000, ₩10,000이었다.

⑤ 활동별 원가의 배부

활동중심점별 원가배부율이 결정되면 각 제품 또는 서비스가 소비한 원가동인에 따라 아래와 같이 활동별 원가를 개별 제품 또는 서비스에 배부해야 한다. 또한 활동중심점별 원가를 배부한 다음에 각 제품 또는 서비스에 직접적으로 투입된 직접재료원가와 직접노무원가를 고려하여 제품원가를 산정한다.

	각 제품 또는 서비스가 소비한 원가동인의 양
×	원가 배부율
=	활동원가 배부액

〈사례 8-1〉에서는 생산준비활동, 절삭작업활동, 조립작업활동 및 품질검사활동에 대한 각 제품의 원가배부액을 계산하면 다음과 같다.

활동중심점	고급 승용차		일반 승용차		계
생산준비	₩1,000×4시간 =	₩4,000	₩1,000×4시간=	₩4,000	₩8,000
절삭작업	₩2,000×4시간 =	8,000	₩2,000×1시간=	2,000	10,000
조립작업	₩2,000×8시간 =	16,000	₩2,000×2시간=	4,000	20,000
품질검사	₩10,000×4회 =	40,000	₩10,000×2회=	20,000	60,000
계		₩68,000		₩30,000	₩98,000

위의 〈사례 8-1〉에서 고급 승용차와 일반 승용차에 배부된 활동별 원가의 총액은 각각 ₩68,000과 ₩30,000이다. 또한 각 제품의 단위당 원가를 계산하면 아래와 같다.

구분	고급 승용차		일반 승용차		계
직접재료원가		₩40,000		₩20,000	₩60,000
직접노무원가		20,000		13,000	33,000
제조간접원가		68,000		30,000	98,000
생산준비	₩4,000		₩4,000		8,000
절삭작업	8,000		2,000		10,000
조립작업	16,000		4,000		20,000
품질검사	40,000		20,000		60,000
제조원가		₩128,000		₩63,000	₩191,000
생산량		200단위		300단위	
단위당 원가		₩640		₩210	

고급 승용차와 일반 승용차의 직접원가(직접재료원가와 직접노무원가)는 각각 ₩60,000(=₩40,000+₩20,000)과 ₩33,000(=₩20,000+₩13,000)이다. 또한 고급 승용차와 일반 승용차에 배부된 활동별 원가를 가산한 총 제조원가(직접재료원가, 직접노무원가 및 제조간접원가)는 각각 ₩128,000(=₩40,000+₩20,000+₩68,000)과 ₩63,000(=₩20,000+₩13,000+₩30,000)이 되어 단위당 원가는 각각 ₩640(₩128,000÷200단위)과 ₩210(=₩63,000÷300단위)으로 산정된다.

(4) 활동기준원가계산의 효익과 한계점

활동기준원가계산은 전통적인 원가계산방법이 가지는 원가왜곡현상을 해결하기 위해 등장하였으며 다음과 같은 장점을 가지고 있다.

그림 8-4

활동기준원가 계산의 효익

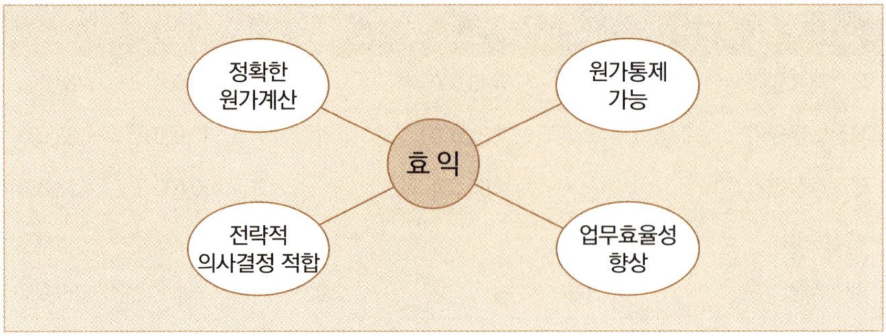

첫째, 활동기준원가계산은 활동중심점별로 원가를 집계하고 각 활동중심점별 원가동인을 파악하여 제조간접원가를 각 제품 또는 서비스에 배부하므로 정확한 원가계산이 가능하다. 둘째, 활동기준원가계산은 각 제품 또는 서비스가 소비한 활동을 기준으로 원가가 산정되므로 기업에서 생산하는 제품이나 서비스의 구성이 변화하더라도 정확한 원가정보를 산출할 수 있어 제품의 가격결정, 수익성 분석 및 판매전략의 수립 등과 같은 경영자의 전략적 의사결정에 적합하다. 셋째, 활동분석을 통해 확인된 비부가가치활동을 제거함으로써 기업의 원가통제를 가능하게 한다. 마지막으로 활동기준원가계산은 비재무적 지표(예: 기계시간, 노동시간, 구매주문건수 등)를 이용하여 성과평가를 하므로 생산현장의 관리자가 이해하기 쉬우며 의사소통이 용이하여 회사전체의 업무효율성을 높일 수 있다.

활동기준원가계산은 기업에게 위에서 언급한 여러 가지 효익을 가져다 주지만 다음과 같은 한계점도 지닌다.

그림 8-5

활동기준원가 계산의 한계점

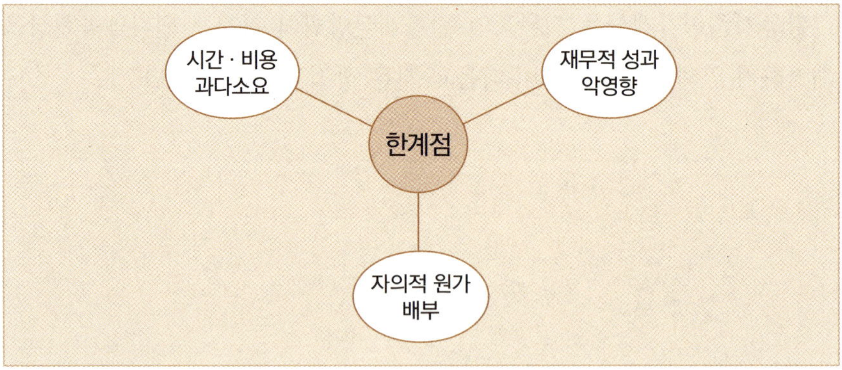

활동기준원가계산을 수행하기 위해서는 경영자의 주관적 판단에 의해 다양한 활동중심점을 구분하고 원가동인을 파악해야 하는데 이러한 과정은 시간과 비용을 과다하게 소요할 수 있다. 또한 활동중심점을 설정하거나 원가동인을 확인하는 과정에서 관리자의 지나친 주관이 개입될 수 있으며 자의적인 원가배분이 가능해 진다. 뿐만 아니라 원가동인별 활동분석을 통해 원가절감을 수행하는 경우 기업 전체의 경영성과에 악영향을 미칠 수 있다. 예를 들면, 재료구매원가의 원가동인이 재료구매횟수일 때 재료구매원가를 절감시키려면 재료구매횟수를 줄여야 하는데 이 과정에서 구매의 크기를 증가시킬 경우 불필요한 재료구매의 문제가 나타날 수 있다.

종합예제 1 활동기준원가계산

(주) 삼천리는 고급형과 보급형 두 가지의 스포츠자전거를 생산하며 활동기준원가계산을 이용하여 제품원가를 계산한다. 당해연도 회계자료는 다음과 같다.

(1) 생산 및 원가자료

	고 급 형	보 급 형
예산 생산량	2,500단위	20,000단위
단위당 직접노동시간	5시간	2시간
단위당 직접재료비	₩180	₩134.4
단위당 직접노무비	20	8

(주) 삼천리의 직접노동시간당 임률은 ₩4, 총제조간접비는 ₩2,400,000이다.

(2) 활동 및 원가동인수

활 동	원가동인	활동별 원가	제품별 원가동인수		
			고 급 형	보 급 형	계
매입주문활동	주문횟수	₩ 100,800	20회	20회	40회
작업지시활동	지시횟수	259,200	80	120	200
품질검사활동	검사횟수	540,000	18	22	40
기계관련활동	기계시간	1,500,000	40시간	60시간	100시간
계		₩ 2,400,000			

요구사항

활동기준원가계산에 의할 경우 고급형 스포츠자전거의 단위당 제조원가를 계산하시오.

해 답

1. 활동중심점별 원가배부율

매입주문활동 : ₩100,800 ÷ 40회 = @ 2,520
작업지시활동 : ₩259,200 ÷ 200회 = @ 1,296
품질검사활동 : ₩540,000 ÷ 40회 = @13,500
기계관련활동 : ₩1,500,000 ÷ 100시간 = @ 15,000

2. 단위당 제조간접비배부액

		고 급 형
매입주문활동	20회 × @2,520 =	₩50,400
작업지시활동	80회 × @1,296 =	103,680
품질검사활동	18회 × @13,500 =	243,000
기계관련활동	40시간 × @15,000 =	600,000
계		₩997,080
생 산 수 량		÷2,500단위
단위당 제조간접비배부액		₩398.8

∴ 단위당 제조원가

	고 급 형
직접재료비	₩ 180
직접노무비	20
제조간접비	398.8
단위당 제조원가	₩ 598.8

종합예제 2 수익성 분석

(주)진강은 단일제품을 생산하여 A, B, C 세 고객에게 판매하고 있다. 회사는 제조간접비를 직접노무비에 기초하여 제품에 배부하여 왔다. 20X1년 중에 이 회사의 경영자는 새로운 원가회계 시스템을 구축하기 위하여 ○○대학에 자문하였으며 자문결과 활동기준원가계산을 도입하기로 하였다. 이에 따라 당기의 제조간접비 중 기계가동활동비는 기계작업시간을 기준으로 제품에 배부하며 하역활동비는 직접노무비에 비례하여 제품에 배부하게 된다.

당기 영업활동에 관한 자료는 다음과 같다.

	A고객	B고객	C고객	계
매 출 액	₩ 3,500	₩ 2,750	₩ 2,500	₩ 8,750
원 가				
직접재료비	₩ 800	₩ 700	₩ 500	₩ 2,000
직접노무비	400	300	300	1,000
제조간접비				
기계가동				1,800
하 역				2,200
기계작업시간	600시간	200시간	200시간	1,000시간

요구사항

1. 전통적 원가계산과 활동기준원가계산을 각각 적용하여 당기순이익과 매출이익률(당기순이익÷매출액)을 계산하시오(매축액이익률 계산시 백분율 기준 소수점 둘째자리에서 반올림하시오).

2. 전통적 원가계산과 활동기준원가계산의 차이점을 설명하시오.

3. 어떠한 기업환경 및 제조환경의 변화가 활동기준원가계산을 부각시켰는지에 대해 설명하시오.

해답

1. 당기순이익과 매출액이익률(전통적 원가계산 VS 활동기준원가계산)

(1) 전통적 원가계산

① 제조간접비배부율

$$\frac{(₩1,800 + ₩2,200)}{₩1,000} = \text{DL의 } 400\%$$

② 당기순이익과 매출액이익률

	A 고객	B 고객	C 고객	계
매 출 액	₩ 3,500	₩ 2,750	₩ 2,500	₩ 8,750
원 가				
직접재료비	₩ 800	₩ 700	₩ 500	₩ 2,000
직접노무비	400	300	300	1,000
제조간접비	1,600	1,200	1,200	4,000
당기순이익	₩ 700	₩ 550	₩ 500	₩ 1,750
매출액이익률	20%	20%	20%	20%

* 고객별 직접노무비×400%

(2) 활동기준원가계산

① 활동원가배부율

$$\text{기계가동}: \frac{₩1,800}{1,000\text{시간}} = @1.8$$

$$\text{하 역}: \frac{₩2,200}{1,000} = \text{직접노무비의 } 220\%$$

② 당기순이익과 매출액이익률

	A 고객	B 고객	C 고객	계
매 출 액	₩ 3,500	₩ 2,750	₩ 2,500	₩ 8,750
원 가				
직접재료비	₩ 800	₩ 700	₩ 500	₩ 2,000
직접노무비	400	300	300	1,000
제조간접비배부액				
기계가동	1,080*	360	360	1,800
하 역	880*	660	660	2,200
당기순이익	₩340	₩730	₩680	₩1,750
매출액이익률	9.7%	26.5%	27.2%	20.0%

* 1. 600시간×@1.8=₩1,080
2. 직접노무비 ₩400×220% = ₩880

2. 전통적 원가계산과 활동기준원가계산의 차이점

활동기준원가계산이란 정확한 원가계산을 위해 기업의 여러 가지 활동들을 원가대상으로 삼아 원가를 집계한 후 제품, 고객, 서비스 등에 대한 원가를 이들이 소비한 활동별 원가동인을 측정하여 계산하는 것이다.

	전통적 원가계산제도	활동기준원가계산제도
원가집합과 배부기준의 수	공장전체 또는 부문별과 같은 하나 또는 소수의 제조간접비 집합과 배부율이 존재함	다양한 활동별로 많은 제조간접비 집합 및 배부율이 존재함
배부기준과 원가동인(인과관계)	제조간접비의 배부기준이 원가동인일 수도 있고 아닐 수도 있음(인과관계가 약함)	활동별 원가동인을 제조간접비 배부기준으로함(인과관계가 강함)
배부기준의 성격 및 특징	제조간접비의 배부기준은 주로 직접노무비 같은 재무적인 측정치임	제조간접비의 배부기준은 주로 부품의 수, 검사횟수, 작업준비시간 등과 같은 비재무적인 측정치임

3. 활동기준원가계산의 도입배경

(1) 직접노무비의 감소, 제조간접비의 증가

생산기술이 발달하고 제조과정이 자동화됨으로 인하여 제조원가에서 직접노무비가 차지하는 비중은 줄어든 반면 제조간접비의 비중은 과거보다 훨씬 커졌다.

(2) 전통적 배부기준에 대한 비판(새로운 배부기준의 필요성)

과거의 소품종 대량생산체제와는 달리 고객의 다양한 소비욕구로 인한 현대의 다품종 소량생산체제하에서는 빈번한 구매주문, 작업준비, 품질검사 등 다양한 활동으로 인한 제조간접비의 발생이 점점 증가한다. 따라서 전통적 원가계산제도의 배부기준인 직접노무비, 직접노동시간, 기계시간 등의 조업도가 더 이상 인과관계가 있는 제조간접비 배부기준이 아니다.

(3) 정보기술의 발달

정보기술의 발달로 제조와 관련된 여러 활동에 대한 분석 및 이들 활동과 관련된 원가를 적은 비용으로 손쉽게 이용하게 되었다.

(4) 원가개념의 확대

경영관리목적상 원가개념이 확대되어 전통적 원가계산으로는 제품수익성의 정확한 분석이 어려워졌다. 최근에는 제조원가뿐만 아니라 연구 · 개발, 제품설계, 마케팅 · 유통, 고객서비스 등의 원가가 큰 비중을 차지하게 되어 이에 대한 원가계산이 가능한 활동기준원가계산이 부각되었다.

9 전략적 원가관리

(1) 의의

치열한 경영환경하에서 경영자는 기업의 경쟁력을 높이고자 제품 또는 서비스의 가격, 품질, 만족도 등을 전략적으로 관리하고자 노력한다. 이에 따라 원가관리회계에서도 경영자의 경영전략의 수립과 실행에 도움을 주고자 다양한 관리기법들을 제공하는데 이러한 관리기법들을 전략적 원가관리(strategic cost management)라고 한다. 전략적 원가관리는 아래의 〈그림 9-1〉과 같이 크게 제품수명주기원가, 원가기획과 목표원가, 품질원가, 환경원가 등이 있다.

그림 9-1
전략적 원가관리

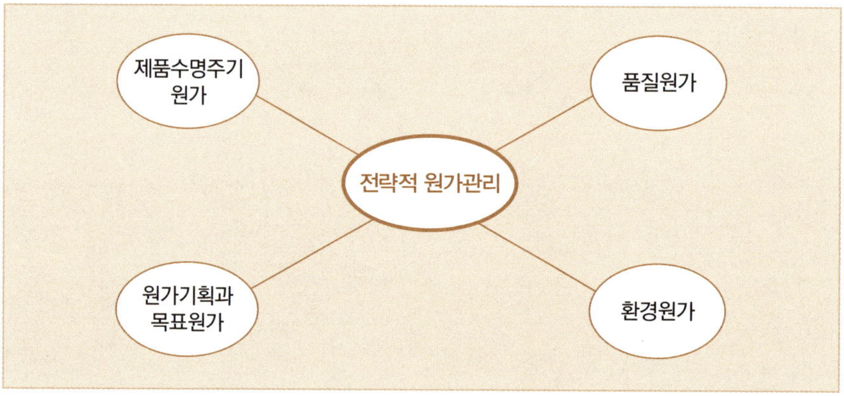

(2) 제품수명주기원가

과거에는 생산단계에서 발생하는 제조원가만을 강조해 왔고 생산 이전 단계(예: 연구개발, 설계 등)나 마케팅, 유통, 판매, 고객서비스 등과 같은 생산 이후 단계에서 발생하는 원가들을 중요하게 생각하지 않았다. 그러나 최근에는 제품의 품질이 중요해지면서 연구개발이나 설계의 중요성이 높아졌고 고객의 만족도가 기업의 가치에 미치는 영향이 커지면서 고객서비스가 강조되었다. 이러한 시대적 변화에 따라 한 제품의 수명주기(production life-cycle)에 걸쳐 발생하는 모든 원가를 추적하여 측정하는 제품수명주기원가(production life-cycle costing) 계산방법이 도입되었다. 즉, 제품수명주기원가계산은 아래의 〈그림 9-2〉와 같이 제품이 기획되는 시점부터 폐기되는 시점까지 모든 원가를 추적하여 집계하는 계산방법이다.

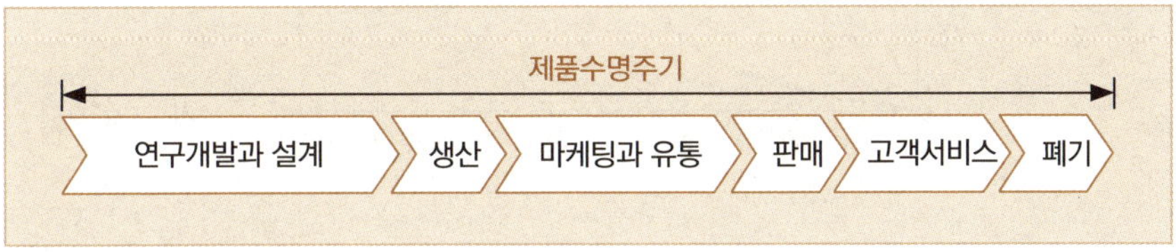

그림 9-2
제품수명주기

아래의 〈그림 9-3〉은 제품의 수명주기별 발생원가와 고착원가를 나타낸 그림이다. 발생원가(cost incurrence)는 각 수명주기별로 실제로 발생한 원가를 누적시킨 금액이다. 이에 반해 고착원가(lock-in cost)는 각 수명주기 단계에서 확정되는 원가를 의미하는 것으로 구속원가라고도 한다. 아래의 그림에서 알 수 있듯이 제품의 설계단계까지 발생한 누적원가는 10%인데 반해 고착원가는 80% 이상이나 된다. 즉, 제품의 기획 이후에 연구개발활동을 거쳐 제품이 설계되면 대부분의 원가는 결정이 된다는 것이다. 왜냐하면, 원가는 생산단계에서 대부분 발생하지만 설계가 끝나는 시점에 대부분의 제품과 관련된 원재료, 구조, 생산방식 등이 결정되기 때문이다. 따라서 제품수명주기원가는 대규모의 원가절감을 위해서는 제품의 설계 이전단계에 새로운 원재료의 개발, 제품의 구조변경 등과 같은 노력을 기울여야 함을 강조하고 있다.

그림 9-3
제품수명주기원가

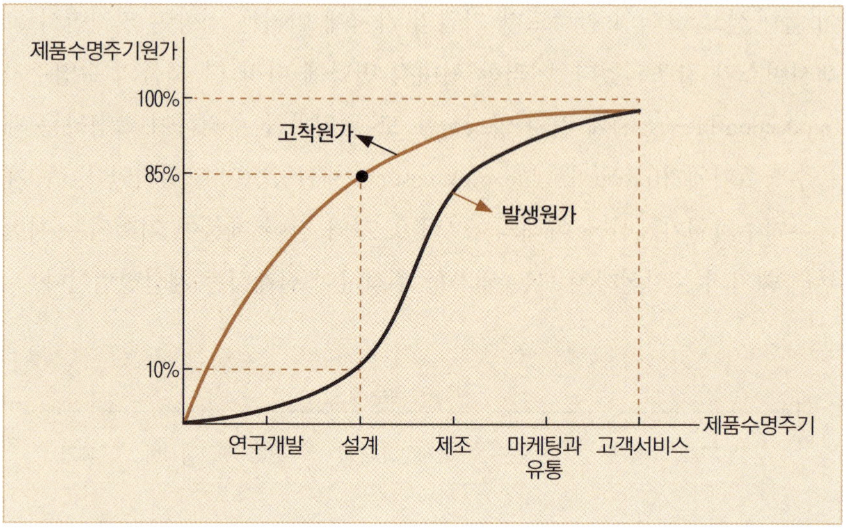

(3) 원가기획과 목표원가

원가기획이란 제품의 생산 이전에 목표원가를 설정하고 이를 관리하는 활동을 말한다. 즉, 아래의 〈그림 9-4〉와 같이 제품의 연구개발 및 설계에 착수하기 전에 제품의 목표원가를 설정하고 설정된 목표원가의 범위 내에서 제품의 설계가 이루어지도록 원가를 관리하는 일련의 활동을 말한다.

그림 9-4
원가기획

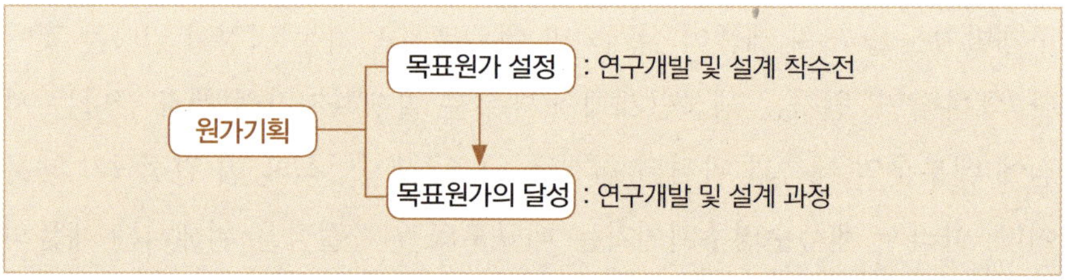

위의 그림에서 알 수 있듯이 원가기획은 목표원가의 설정과 목표원가의 달성이라는 두 단계로 나뉠 수 있다. 여기에서 목표원가(target cost)란 제품에 대한 목표 가격에서 목표이익을 차감한 금액(=목표가격- 목표이익)으로 기업이 중장기적으로 목표이익을 얻기 위해 달성해야 하는 원가를 의미한다. 또한 목표원가의 설정은 제품의 연구개발 및 설계의 착수 전에 주로 이루어지는데 반해 목표원가의 달성은 연구개발 및 설계단계에서 행해진다는 특징이 있다.

목표원가를 설정한 이후에 아래의 〈그림 9-5〉와 같은 세 가지 방법을 사용하여 목표원가를 달성한다.

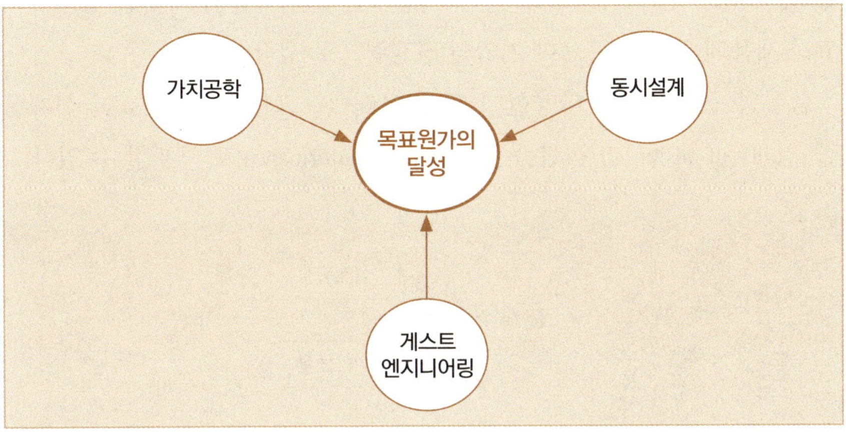

그림 9-5
목표원가의 달성방법

목표원가를 달성하는 방법은 가치공학(value engineering), 동시설계(concurrent engineering), 게스트엔지니어링(guest engineering) 등이 있다. 가치공학은 제품의 기획, 연구개발, 설계, 생산, 마케팅, 유통, 고객서비스 등 모든 제품수명주기별 기능들을 분석하여 최소의 원가로 필요한 기능을 달성할 수 있도록 원가를 절감하고 제품의 가치를 높이는 방법을 말한다. 동시설계는 제품기획, 연구개발, 제품설계 등을 하는 연구개발부서와 생산부서 등이 제품기획 단계부터 협력하여 제품을 설계하는 것을 말한다. 게스트엔지니어링은 제품기획 단계부터 협력기업들을 참여시켜 제품을 개발하는 과정에서 발생하는 비효율을 제거하는 방법이다.

그러나, 목표원가를 달성하기 위해서는 상당한 시간이 소요되며 이로 인하여 시장에서 제품의 판매시기를 놓칠 수 있으며 원가기획은 여러 당사자들 사이에 이해관계가 상이하여 갈등이 발생할 수 있다는 한계점이 있다.

(4) 품질원가

① 의의

현대의 소비자들은 제품의 가격과 더불어 품질에 많은 관심을 가지고 있다. 따라서 전 세계적으로 많은 기업들은 소비자들의 욕구를 충족시키고자 제품의 품질을 주요한 기업의 경쟁력으로 생각한다.

품질의 구성요소는 다양한데 크게 아래의 〈그림 9-6〉과 같이 설계품질(quality of design)과 적합품질(quality of conformance)로 구분할 수 있다.

그림 9-6
품질의 구성요소

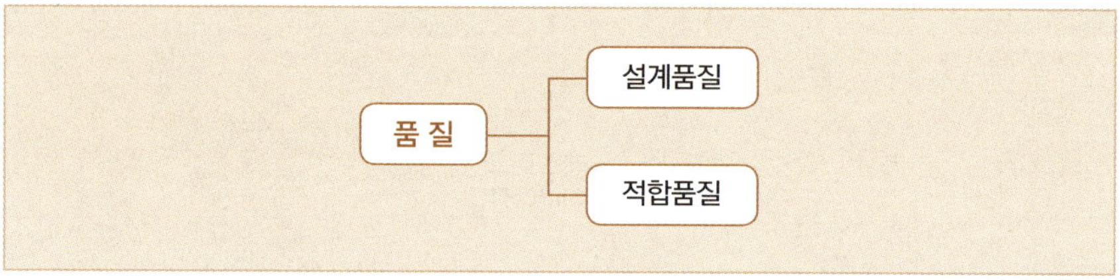

설계품질은 제품의 설계에 따라 결정되는 품질을 의미한다. 즉, 제품의 기능이 소비자의 욕구를 충분히 충족시킨다면 설계품질은 높다고 볼 수 있다. 예를 들면, 핸드폰에 대해서 소비자들이 통화, 문자, 인터넷, 게임, 네비게이션, 카메라 등의 기능을 원하고 있는데 기업들이 단순히 통화와 문자만이 가능하도록 핸드폰을 설계하였다면 설계품질은 낮은 것이다. 한편, 적합품질은 제품이 설계된 대로 적합하게 작동하고 있는지를 평가하는 것이다. 예컨대, 핸드폰의 통화가 자주 끊긴다거나 문자가 제대로 발송되지 않는다면 적합품질은 낮은 것이다.

이와 같이 기업들은 제품이나 서비스의 품질을 유지하기 위해 다양한 원가를 소비하는데 이러한 원가를 품질원가(cost of quality)라고 한다. 즉, 품질원가는 제품이나 서비스에 결함이 발생하지 않도록 예방하고 품질이 일정기준에 충족되는지를 평가하거나 품질에 문제가 발생하여 초래되는 모든 원가를 말한다.

② 품질원가의 관리

a. 품질원가의 종류

품질원가는 아래의 〈그림 9-7〉과 같이 예방원가, 평가원가, 내부실패원가 및 외부실패원가로 구분된다.

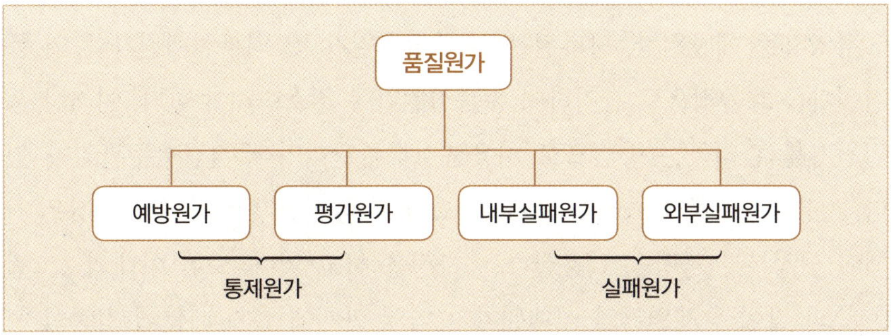

그림 9-7
품질원가의 종류

예방원가(prevention cost)는 제품의 불량품 생산을 예방하기 위해 소비되는 원가를 말한다. 이러한 예방원가에는 우수 협력업체 선정원가, 직원 품질교육 훈련원가, 생산설비 유지 · 보수원가, 설계개선원가 등이 해당한다. 한편, 평가원가(appraisal cost)는 기업이 생산한 제품이나 서비스가 일정한 품질기준에 적합한지를 검사하고 평가하는 과정에서 발생하는 원가를 의미한다. 예를 들면, 원재료, 재공품 또는 제품의 검사원가, 생산공정의 검사원가 등이 이에 해당한다. 이러한 예방원가와 평가원가는 서로 보완적인 관계에 있다. 왜냐하면, 기업들이 불량품 생산을 예방하기 위한 조치를 철저히(또는 느슨히) 하여 예방원가가 커지면(또는 작아지면) 그 만큼 평가원가는 줄어들(또는 늘어날) 수 있기 때문이다. 또한 예방원가와 평가원가는 기업이 통제할 수 있기 때문에 통제원가라고 한다.

제품 또는 서비스의 품질수준에 따라 결과적으로 발생하는 원가를 실패원가(failure cost)라고 한다. 실패원가 중 불량품이 고객에게 전달되기 전에 기업의 내부적으로 발견되어 수리하거나 폐기하는데 발생하는 원가를 내부실패원가(internal failure cost)라고 한다. 이러한 내부실패원가에는 불량품의 재작업원가 또는 폐기원가, 공손원가, 생산설비 수리원가 등이 있다. 이에 반해, 불량품이 소비자에게 전달된 이후에 기업의 외부적으로 발견되어 발생하는 원가를 외부실패원가라고 한다. 예컨대, 보증수리원가, 고객서비스센터 운영원가, 기업이미지 훼손원가, 손해배상원가 등이 이에 해당한다.

b. 허용품질수준

경영자는 예방원가, 평가원가, 내부실패원가 및 외부실패원가 등의 품질원가를 효율적으로 관리하여 총품질원가를 최소화해야 한다. 이러한 품질원가를 관리하는 방법으로 허용품질수준관리와 무결점수준관리가 있다. 허용품질수준(acceptable quality level)에서 품질원가를 관리하는 것은 기업이 일정부분 불량을 허용한다는 가정을 하고 있다. 또한 아래의 〈그림 9-8〉과 같이 통제원가와 실패원가가 역의 관계에 있기 때문에 최적의 허용품질수준이 존재한다고 보는 것이다.

그림 9-8
허용품질수준에서 품질원가관리

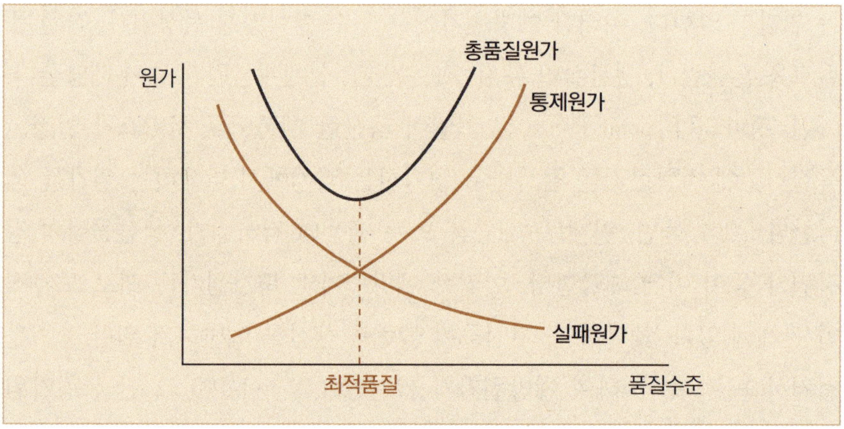

기업이 통제원가를 많이 지출하면 불량률이 낮아져 실패원가가 적어지고 통제원가를 적게 지출하면 불량률이 높아져 실패원가가 많아지게 된다. 따라서 기업들은 통제원가와 실패원가의 합인 총품질원가가 최소가 되도록 최적의 지출배합을 결정하는 것이 허용품질수준에서 품질원가를 관리하는 방법이다.

c. 무결점수준

기업의 불량률을 일정부분 허용해야 한다는 허용품질수준에서의 품질원가관리 관점은 전사적 품질관리(total quality management)가 도입된 이후에 변화하였다. 즉, 제품수명주기 전체에 걸쳐 품질관리를 계획하고 실행하면 기간이 경과함에 따라 실패원가는 크게 감소하는데 반해 통제원가는 완만하게 증가하다가 일정수준에서 유지되는 경향이 있다. 따라서 불량률이 0에 가깝게 되면 통제원가를 크게 증가시키지 않으면서 실패원가를 큰 폭으로 감소시킬 수 있기 때문에 무결점수준에서 총품질원가는 최소화가 된다.

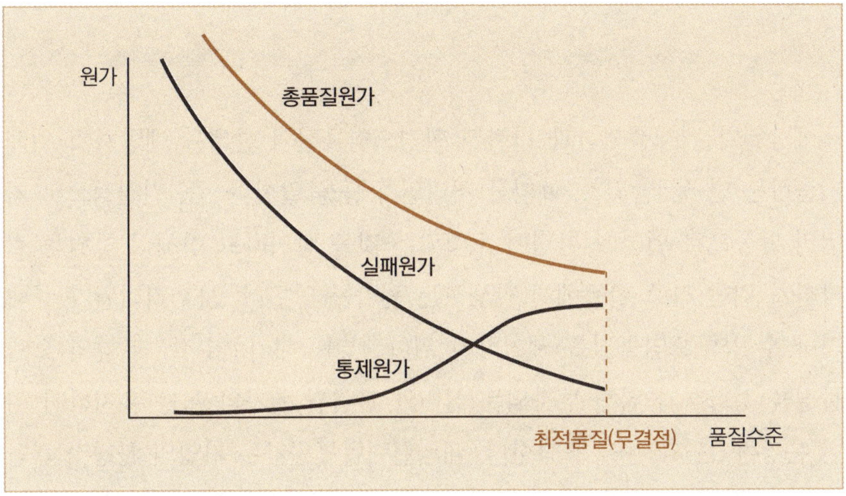

그림 9-9
무결점수준에서 품질원가관리

(5) 환경원가

환경원가(environment cost)는 환경목적을 달성하기 위해 자발적으로 또는 의무적으로 행한 활동으로 인하여 소비된 자원을 말한다. 즉, 환경원가는 기업이 소비한 사적인 비용으로 기업이 부담하지 않는 사회적 비용은 포함하지 않는다. 이와 같은 환경원가에 관한 회계정보를 체계적으로 수집하고 전달하는 과정을 환경원가회계(environment cost accounting)라고 한다. 따라서 환경원가회계의 목적은 경영자가 환경원가와 관련된 의사결정을 수행하는데 유용한 정보를 제공하는 것이라고 볼 수 있다.

일반적으로 환경원가는 아래의 〈그림 9-10〉과 같이 예방원가, 사후처리원가, 대외협력활동원가 및 환경복원원가 등으로 구성된다.

그림 9-10
환경원가의 분류

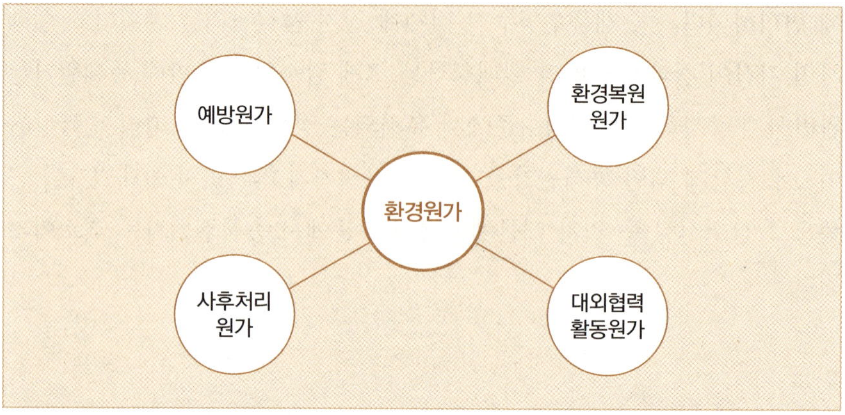

예방원가는 제품생산과 관련된 환경오염물질의 발생을 예방하기 위해 지출하는 연구개발원가, 폐기물 처리원가 등을 말한다. 즉, 원천적으로 기업의 활동으로 인하여 환경이 오염되는 것을 방지하고 경제적 자원을 절약하기 위한 각종 활동에서 발생하는 원가를 말한다. 사후처리원가는 대기나 수질의 오염물질을 제거하기 위한 원가 · 대기 · 수질 · 토양의 오염물질을 정화하기 위해 투자되는 설비와 관련된 원가와 이를 유지하기 위한 운영관리원가 등을 포함한다. 대외협력활동원가는 기업의 환경적 책임을 완수하기 위해 환경단체나 지역사회 등에 기부하거나 지원하는 원가, 기업의 환경친화적 이미지를 제고하기 위한 다양한 활동에서 소비되는 원가 등을 말한다. 환경복원원가는 환경물질의 배출과 관련된 부담금 · 벌금 · 손해배상금 · 환경복원원가 등을 의미한다.

이러한 환경원가는 경영자의 입장에서 어떻게 최소화할 것인가를 결정하는 것이 과제이지만, 환경물질 배출이후에 발생하는 환경복원원가에 비해 사전적인 예방원가, 대외협력활동원가 등이 보다 낮게 지출된다는 점에 주목할 필요가 있다.

Part 3

경영계획 및 의사결정

10. 원가의 분류와 추정
11. 원가-조업도-이익 분석
12. 관련원가와 의사결정
13. 불확실성과 의사결정

·10 원가의 분류와 추정

(1) 원가의 분류

일반적으로 원가(cost)란 어떤 재화나 용역을 얻기 위해 투입한 경제적 자원을 화폐가치로 평가한 것을 말한다. 이러한 원가는 사용하는 목적에 따라 다양한 유형으로 분류할 수 있으며 이를 측정하는 방법도 여러 가지이다. 즉, 아래의 〈그림 10-1〉과 같이 제조활동, 원가동인, 의사결정과의 관련성, 경영자의 통제가능성 등에 따라 다양하게 분류할 수 있다.

그림 10-1
원가의 분류

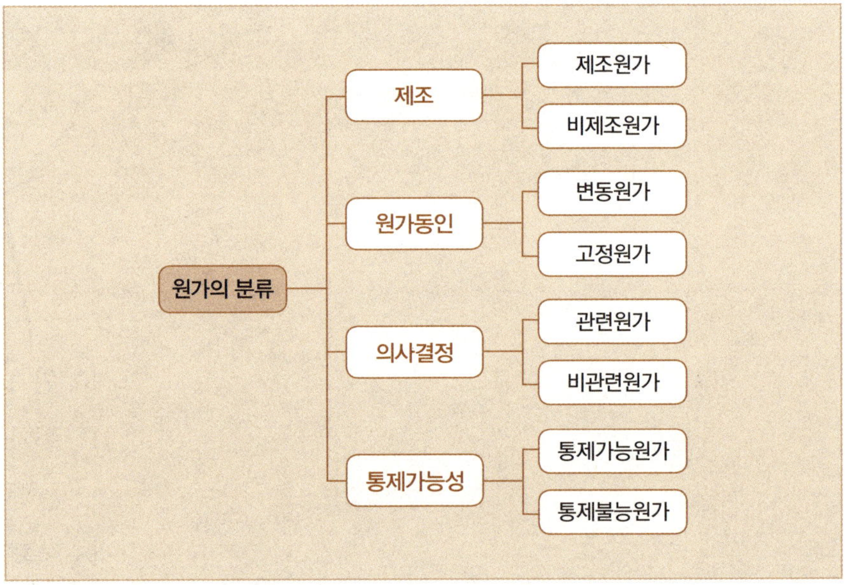

우선 원가는 제품원가에 포함되는냐의 여부에 따라 제조원가와 비제조원가로 구분된다. 제조원가는 직접재료원가, 직접노무원가 및 제조간접원가 등과 같이 제품의 원가를 구성하는 항목들인데 반해 비제조원가는 판

매비와 관리비 등과 같이 제품원가를 구성하지 않는 항목이다.

다음으로 원가동인(예: 생산량, 판매량 등)의 수준과의 관련성 여부에 따라 변동원가(variable cost)와 고정원가(fixed cost)로 구분된다. 변동원가는 원가동인의 수준이 변화함(예: 생산량이나 판매량이 늘거나 주는 경우 등)에 따라 비례적으로 변화하는 원가를 말하며, 고정원가는 원가동인의 수준과 관계없이 일정하게 발생하는 원가를 의미한다.

원가는 경영자의 의사결정과의 관련성에 따라 관련원가(relevant cost)와 비관련원가(irrelevant cost)로 구분된다. 즉, 다양한 대안 중 대안간에 차이가 발생하지 않는 원가를 비관련원가라고 하고 차이가 존재하는 원가를 관련원가라고 한다. 예를 들면, 결합제품의 분리점에서 경영자가 즉시 판매 또는 추가가공 후 판매에 대한 의사결정을 하는 경우 분리점 이후에 발생한 추가가공원가는 관련원가가 되지만, 분리점 이전에 발생한 결합원가는 비관련원가라고 할 수 있다.

마지막으로 원가는 경영자 등의 통제가능성 여부에 따라 통제가능원가(controllable cost)와 통제불능원가(uncontrollable cost)로 구분된다. 즉, 특정 관리자가 원가발생을 통제할 수 있으면 통제가능원가에 해당하는 것이며 통제가 불가능하면 통제불능원가가 된다. 예를 들면, 생산공장의 관리책임자의 경우에 당해 생산공장에서 발생한 원가는 통제가능원가이지만, 본사의 관리부서에서 발생하는 원가는 통제불능원가에 해당한다. 또한 원가의 통제가능성에 따라 책임여부가 결정된다. 즉, 생산공장의 관리책임자는 생산공장에서 발생한 원가에 대해서는 책임을 지지만, 본사의 관리부서에서 발생한 원가에 대해서는 책임을 부담하지 않는다.

(2) 원가의 행태

원가행태(cost behavior)는 원가동인의 수준에 따라 원가가 일정한 형태를 유지하면서 변화할 때 그 변화되는 형태를 말한다. 원가의 행태를 파악하는 것은 경영자가 과거의 경영성과를 평가하고 미래의 원가를 예측하는데 유용한 정보를 주기 때문에 경영자의 의사결정과정에서 중요한 비중을 차지한다. 원가의 행태는 아래의 〈그림 10-2〉와 같이 크게 변동원가, 고정원가, 준변동원가, 준고정원가 등 네 가지로 구분된다.

그림 10-2
원가의 행태

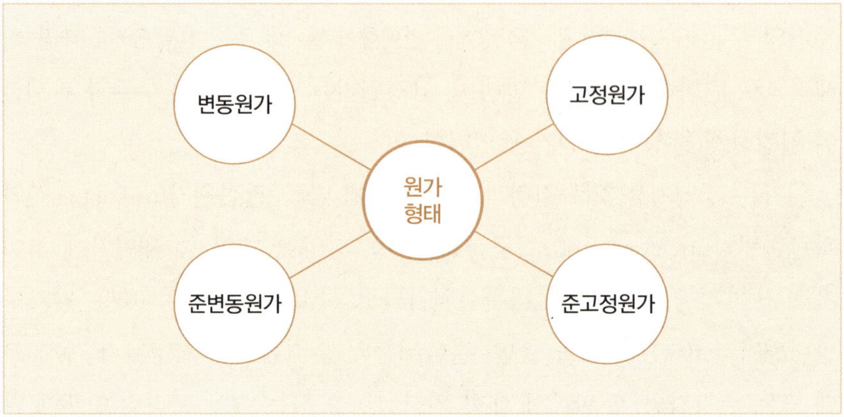

① 변동원가

변동원가(variable cost)는 원가동인의 수준변동(예: 생산량, 판매량 등)에 따라 총원가가 비례적으로 변화하는 원가를 의미한다. 예를 들면, 직접재료원가, 직접노무원가, 매출액에 따라 지급되는 판매수수료 등이 이에 해당한다. 원가동인의 수준과 변동원가의 관계를 나타내면 〈그림 10-3〉과 같다.

그림 10-3
변동원가의 행태

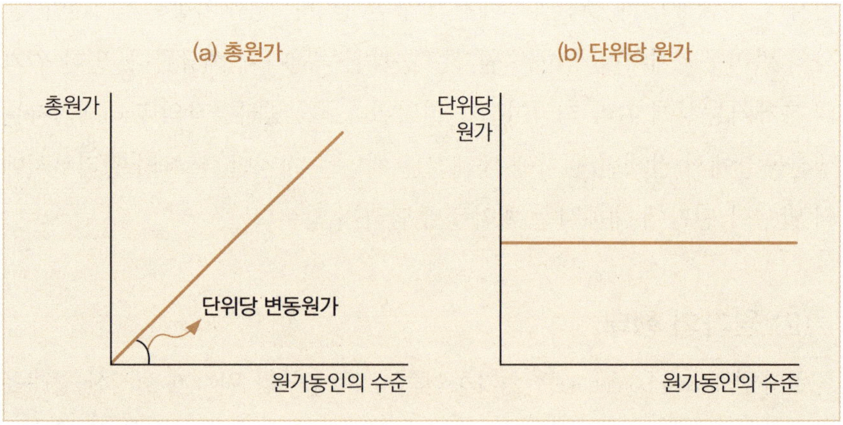

위의 그림에서 (a)는 원가동인의 수준과 총변동원가의 관계를 나타낸 것이며 총변동원가선의 기울기는 단위당 변동원가를 의미한다. 한편, (b)

는 원가동인의 수준과 단위당 변동원가의 관계를 나타낸 것이다. 위의 그림에서 알 수 있듯이 변동원가의 경우 원가동인의 수준이 증가할수록 총 변동원가는 비례적으로 증가하고 있음을 알 수 있다. 그러나 단위당 변동원가는 원가동인의 수준과는 상관없이 일정한 값을 가짐을 알 수 있다.

② 고정원가

고정원가(fixed cost)는 원가동인의 수준과는 상관없이 총원가가 변동하지 않고 일정한 금액을 가지는 원가를 말한다. 예를 들면, 공장이나 기계장치의 감가상각비, 사무직 임직원의 급여, 임차료, 세금 등이 이에 해당한다. 이러한 원가는 제품을 1단위 생산하든, 100단위 생산하든지에 상관없이 일정한 기간 동안 동일한 금액이 발생하기 때문에 고정원가에 해당한다. 원가동인의 수준과 고정원가의 관계를 나타내면 〈그림 10-4〉와 같다.

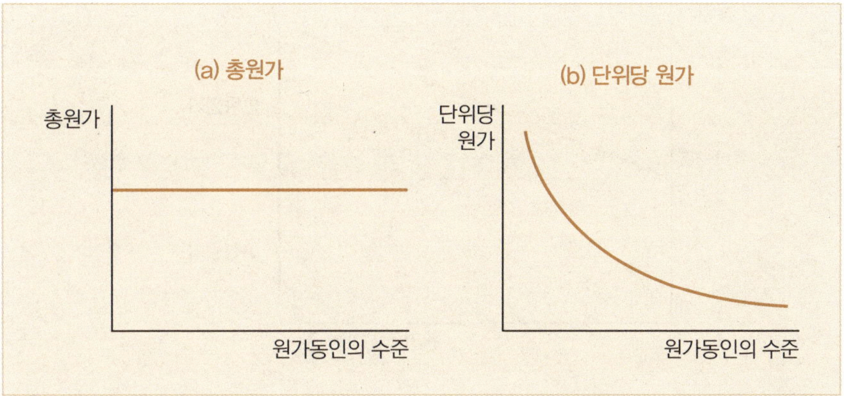

그림 10-4
고정원가의 행태

위의 그림에서 (a)는 원가동인의 수준과 총고정원가의 관계를 나타낸 것이다. 총고정원가는 원가동인의 수준이 변동하더라도 일정한 값을 가지므로 기울기가 0인 직선으로 표시된다. 또한 (b)는 원가동인의 수준과 단위당 고정원가의 관계를 나타낸 것인데 단위당 고정원가는 원가동인의 수준이 증가할수록 낮아지는 것을 알 수 있다. 예를 들면, 기계장치의 감가상각비가 연간 ₩1,000이 발생한다고 가정하면 기업에서 제품을 연간 10단위를 생산하는 경우에는 제품 1단위당 감가상각비는 ₩100이 된다. 그러나 연간 100단위를 생산하는 경우에는 연간 발생하는 감가상각비는 ₩1,000으로 일정하지만, 제품 1단위당 감가상각비는 ₩10으로 줄어들게 된다. 즉, 총고정원가는 원가동인의 수준과 상관없이 일정하게 발생하지만, 단위당 고정원가는 원가동인의 수준이 증가할수록 낮아지게 된다.

③ 준변동원가

준변동원가(semi-variable cost)는 원가동인의 수준에 따라 비례적으로 발생하는 변동원가와 원가동인의 수준과는 상관없이 일정하게 발생하는 고정원가의 두 가지 요소가 합쳐진 원가를 의미한다. 이러한 준변동원가는 아래의 〈그림 10-5〉와 같이 변동원가와 고정원가의 두 가지 특징을 모두 지니고 있기 때문에 혼합원가(mixed cost)라고도 한다.

그림 10-5
준변동원가의 행태

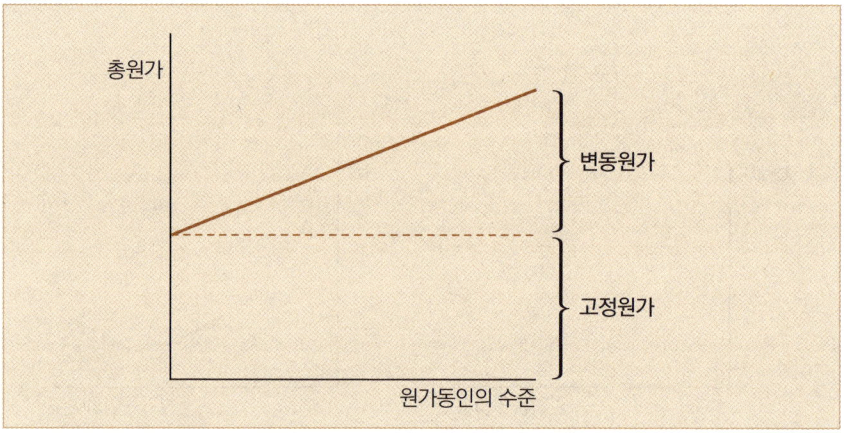

위의 그림과 같은 준변동원가의 예로는 전기료, 수도료 등이 있다. 전기료, 수도료 등의 총원가에는 고정원가의 기본료와 변동원가의 사용료가 함께 포함되어 있다. 즉, 이러한 준변동원가는 원가동인의 수준이 0이더라도 일정 금액이 기본적으로 발생하지만, 원가동인의 수준이 증가함에 따라 변동원가 부분은 비례적으로 증가하게 된다.

④ 준고정원가

준고정원가(semi-fixed cost)는 원가동인 수준범위 내에서는 고정원가와 동일하게 일정한 금액이 발생하지만, 그 수준범위를 벗어나면 총원가가 달라지는 원가를 말한다. 준고정원가의 행태는 일반적으로 아래의 〈그림 10-6〉과 같이 계단의 모양을 가지고 있기 때문에 계단원가(step cost)라고도 하다.

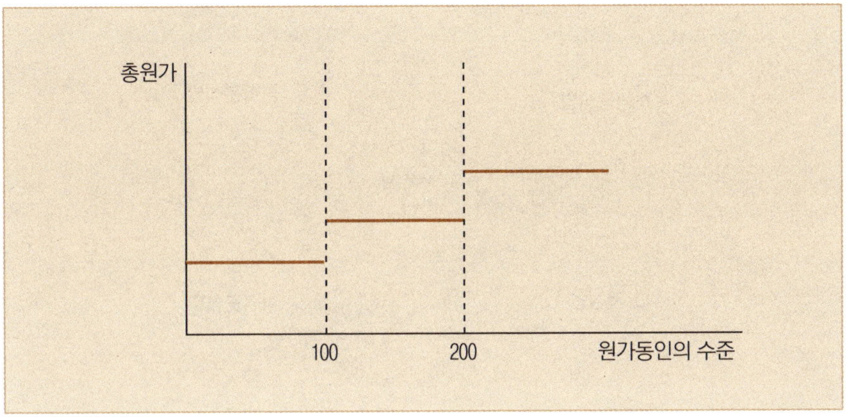

그림 10-6
준고정원가의 행태

준고정원가는 생산과정에 투입되는 요소들이 불가분성(indivisibility)을 가지기 때문에 발생한다. 예를 들면, 현재의 기계장치 1대를 완전 가동하여 자동차를 연간 100대를 생산한다고 가정하자. 그런데 자동차의 생산량을 100대 이하로 줄여도 이 기계장치에 대한 감가상각비는 줄어들지 않는 고정원가이다. 만약, 생산량을 50% 늘려 자동차를 150대 생산하려면 기계장치를 추가적으로 1대 더 구입해야 한다. 이 경우 구입 가능한 최소규모의 기계장치의 생산량이 100대라면 이 기업의 총생산능력은 200대가 되며 실제로 기업이 생산하는 자동차 150대와는 상관없이 기계장치 2대에 해당하는 감가상각비가 발생할 것이다. 즉, 이 기업은 자동차를 100대와 200대 사이에서 생산하는 경우 동일한 감가상각비가 발생하게 된다.

(3) 원가의 추정

원가추정(cost estimation)이란 원가동인의 수준과 총원가의 관계를 찾아내는 것이다. 원가를 추정하는 목적은 미래의 원가를 예측하여 경영자의 의사결정에 유용한 정보(예: 제품의 판매가격 결정 등)를 제공하고 미래의 경영활동을 통제하기 위해서이다. 원가의 추정은 일반적으로 하나의 원가동인만이 존재하고 관련 범위 내에서 원가행태가 선행이라고 가정한다. 원가를 추정하는 방법은 아래의 〈그림 10-7〉과 같이 계정분석법, 고저점법, 회귀분석법, 공학분석법 등 네 가지를 사용한다.

그림 10-7

원가추정의 방법

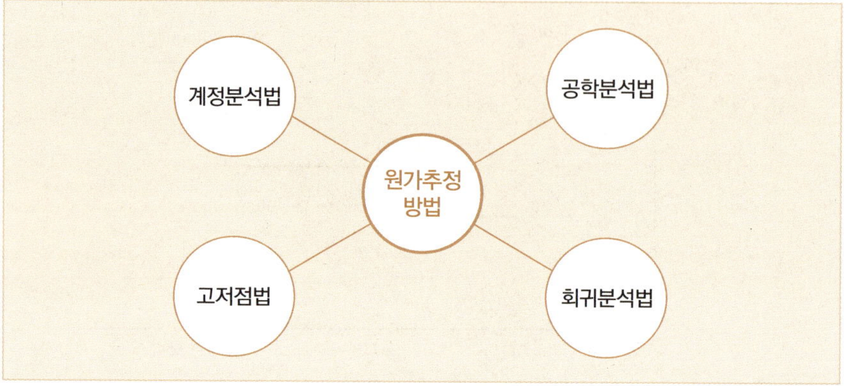

① 계정분석법

계정분석법(account analysis)은 과거의 각 장부계정의 잔액을 이용하여 미래의 원가를 예측하는 방법이다. 구체적으로 일정기간 동안 장부계정상에 기록된 원가를 변동원가와 고정원가로 구분한 다음 아래와 같은 원가방정식을 추정한다.

$$Y = a + bX$$ (단, X: 원가동인, Y: 총원가)

위의 원가추정식에서 a는 과거의 고정원가계정의 합이고 b는 과거의 변동원가의 합을 과거의 원가동인의 총량으로 나눈 원가동인 단위당 변동원가를 의미한다. 계정분석법에 의한 원가추정을 다음의 〈사례 10-1〉을 통해 살펴본다.

사례 10-1

(주)상희는 자동차를 생산하는 기업이며, 20×1년 원가 및 생산량의 자료는 다음과 같다.

구분	원가행태	변동원가	고정원가	계
직접재료원가	변동원가	₩100,000	-	₩100,000
직접노무원가	변동원가	200,000	-	200,000
제조간접원가				
전기수도료	변동원가	70,000	-	70,000
소모품비	변동원가	30,000	-	30,000
감가상각비	고정원가	-	₩130,000	130,000
임차료	고정원가	-	220,000	220,000
제조원가		₩400,000	₩350,000	₩750,000
생산량	400대			
단위당 원가		₩1,000	₩875	₩1,875

계정분석법에 따라 원가를 추정하기 위해서는 우선 (주)상희의 장부계정에 나타난 원가들을 전문가적 판단에 따라 변동원가와 고정원가로 구분해야 한다. (주)상희는 직접재료원가, 직접노무원가, 전기수도료, 소모품비를 변동원가로, 감가상각비와 임차료를 고정원가로 구분하였다. (주)상희의 연간 생산량이 400대이므로 단위당 변동원가는 ₩1,000{(=₩100,000+₩200,000+₩70,000+₩30,000)÷400대}이고, 고정원가는 ₩350,000(=₩130,000+₩220,000)이 된다. 따라서 계정분석법에 의한 원가추정식은 다음과 같다.

예상 총제조원가 = ₩350,000 + ₩1,000 × 예상 생산량

위와 같은 계정분석법에 의한 원가추정방법은 추정이 용이하고 신속하며 비용이 적게 소요된다는 장점이 있는 반면, 각 계정을 변동원가와 고정

원가로 구분하는 과정에서 자의적이고 주관적 판단이 개입되어 신뢰성이 떨어진다는 한계점도 존재한다.

② 고저점법

고저점법(high-low method)은 과거 원가동인의 수준이 최고점과 최저점일 때의 원가자료를 이용하여 원가방정식을 추정하는 방법이다. 즉, 아래와 같이 원가동인 단위당 변동원가를 구하고 이를 이용하여 총고정원가를 산출하게 된다.

$$\text{단위당 변동원가} = \frac{\text{최고점에서의 총원가} - \text{최저점에서의 총원가}}{\text{최고점} - \text{최저점}}$$

$$\begin{aligned}\text{총고정원가} &= \text{최고점에서의 총원가} - \text{단위당 변동원가} \times \text{최고점} \\ &= \text{최저점에서의 총원가} - \text{단위당 변동원가} \times \text{최저점}\end{aligned}$$

고저점법에 의한 원가추정을 다음의 〈사례 10-2〉를 통해 살펴본다.

사례 10-2

(주)상희는 자동차를 생산하는 기업이며, 20×1년에서 20×4까지 원가 및 생산량의 자료는 다음과 같다.

구분	20×1	20×2	20×3	20×4
직접재료원가	₩100	₩180	₩220	₩280
직접노무원가	200	320	430	500
제조간접원가				
전기수도료	70	110	150	180
소모품비	30	50	80	100
감가상각비	130	160	250	300
임차료	220	240	250	300
제조원가	₩750	₩1,060	₩1,380	₩1,660
생산량	4대	6대	8대	10대

고저점법에 의해서 원가를 추정할 때에는 원가동인 수준의 최고점과 최저점의 원가자료를 사용해야 한다. 〈사례 10-2〉에서 원가동인이 생산량이므로 연간 생산량이 가장 많은 20×4 연도와 가장 적은 20×1 연도의 자료를 이용하면 된다. (주)상희의 원가동인 단위당 변동원가는 ₩151.67{(₩1,660-₩750)÷(10대-4대)}이고, 고정원가는 ₩143.33(₩750-₩151.67×4대)이 된다. 따라서 고저점법에 의한 원가추정식은 다음과 같다.

예상 총제조원가 = ₩143.33 + ₩151.67 × 예상 생산량

위와 같은 고저점법에 의한 원가추정방법은 각 계정을 변동원가와 고정원가로 구분하는 과정이 없어 계정분석법보다는 객관적인 방법이라고 할 수 있다. 그러나 최고점과 최저점이라는 극단적인 두 원가동인의 수준만을 이용하여 원가행태를 추정하기 때문에 비정상적인 결과를 초래할 수 있다. 왜냐하면, 만약 최고점과 최저점의 원가동인수준이 비정상적인 생산활동에서 발생한 것이라면 이러한 추정결과는 정상적인 생산활동에서의 원가추정의 정보로는 부적합하기 때문이다.

③ 회귀분석법

회귀분석법(regression analysis method)은 설명변수인 X가 한 단위 변화함에 따른 종속변수인 Y의 평균적인 변화량을 측정하여 X와 Y의 관계를 가장 적절하게 나타내는 추정식을 찾아내는 통계적 방법이다. 회귀분석 중 가장 일반적으로 사용되는 방법이 최소자승법(least square method)이다. 최소자승법은 아래의 〈그림 10-8〉과 같이 추정선과 실제 자료점의 수직거리인 추정오차를 제곱한 값들의 합이 최소화되도록 추정선을 찾는 방법이다. 여기에서 추정오차의 값들을 제곱하는 이유는 추정오차는 양 또는 음의 값을 가지므로 제곱하지 않으면 서로 상쇄되기 때문이다.

그림 10-8
회귀분석법

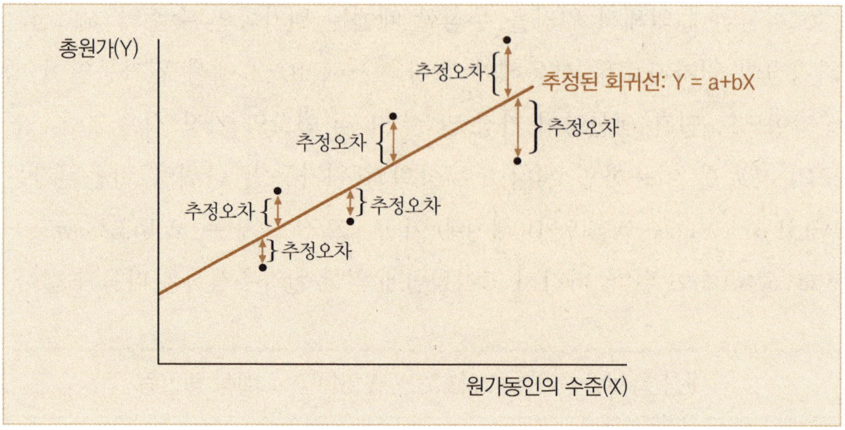

최소자승법에서는 원가동인 단위당 변동원가와 총고정원가를 다음과 같이 계산한다.

$$\text{단위당 변동원가} = \frac{\text{표본의 수} \times \Sigma XY - \Sigma X \times \Sigma Y}{\text{표본의 수} \times \Sigma X^2 - (\Sigma X)^2}$$

$$\text{총고정원가} = \frac{\Sigma Y}{\text{표본의 수} - \text{단위당 변동원가}} \times \frac{\Sigma X}{\text{표본의 수}}$$

최소자승법에 의한 원가추정을 위의 〈사례 10-2〉를 통해 살펴본다.

(단위: 대, ₩)

연 도	생산량 (X)	제조원가 (Y)	X×Y	X^2
20×1	4	750	3,000	16
20×2	6	1,060	6,360	36
20×3	8	1,380	11,040	64
20×4	10	1,660	16,600	100
계	28	4,850	37,000	216

(주)상희의 원가동인 단위당 변동원가는 ₩152.5{(4×37,000−28×4,850)÷(4×216−28^2)}이고, 고정원가는 ₩145(4,850÷4−₩152.5×28÷4)이 된다. 따라

서 최소자승법에 의한 원가추정식은 다음과 같다.

예상 총제조원가 = ₩145 + ₩152.5 × 예상 생산량

최소자승법에 의한 회귀분석을 이용하는 경우 비정상적인 생산활동으로 인한 예측결과의 편향성을 방지하고자 비정상적인 생산활동의 결과는 분석대상에서 제외해야 한다. 따라서 최소자승법을 이용한 회귀분석은 원가추정의 예측정확도가 비교적 높은 방법 중에 하나이다. 참고로 회귀분석의 정확도를 나타내는 지표로는 결정계수가 있는데, 결정계수(R^2)는 추정된 회귀식이 해당 자료를 얼마나 잘 설명하고 있는지를 측정한다. 결정계수는 0에서 1의 값을 가지며 1에 가까울수록 추정된 회귀식이 해당 자료를 보다 잘 설명하고 있다고 본다.

④ 공학분석법

공학분석법(engineering analysis method)은 과거의 유사한 원가자료가 없는 경우에 사용되는 방법으로 제품을 생산하기 위해 투입된 자원과 생산 이후 산출되는 결과 간의 관계를 계량적으로 분석하여 원가방정식을 추정하는 방법이다. 일반적으로 직접재료원가는 제품의 설계도나 생산계획을 참조하여 예상 소비량을 구하고 예상 단가를 곱하여 계산한다.

예상 직접재료원가 = 예상 소비량 × 예상 단가

한편, 직접노무원가는 시간연구, 동작연구 등과 같은 작업측정법(work measurment method)을 사용하여 필요 작업시간을 구하고 시간당 임률을 곱하여 계산한다.

예상 직접노무원가 = 예상 필요 작업시간 × 시간당 임률

공학분석법은 직접재료원가와 직접노무원가를 비교적 정확하게 계산하나 나머지 제조원가는 주관적 경험에 기초하여 추정한다. 예를 들면, 제조간접원가 등은 직접노무원가의 일정 비율로 추정한다. 이러한 공학분석법은 과거의 원가자료가 없는 경우에도 유용하게 사용할 수 있으며 비교적 원가추정이 정확하다는 장점이 있다. 그러나, 원가를 추정하는 데 시간과 비용이 많이 소요된다는 한계점도 동시에 지니고 있다.

11 원가-조업도-이익 분석

(1) 의의

많은 기업들의 목표는 한정된 자원 내에서 이익을 극대화하는 데 있다. 이러한 목표를 달성하기 위해 경영자들은 목표이익을 설정하고 설정된 목표이익에 도달하기 위한 목표 매출액과 목표 원가에 대한 예측을 필요로 할 것이다. 즉, 경영자는 매출액 또는 판매량의 변화에 따라 원가는 어떻게 변동하는지와 그 결과 이익은 얼마가 되는지를 분석하고자 할 것이다.

이러한 분석을 하고자 할 때 경영자가 이용하는 방법이 원가-조업도-이익분석(cost-volume-profit analysis: CVP analysis)이다. 즉, 원가-조업도-이익분석은 원가나 조업도가 변동하는 경우 이익이 어떻게 변화하는지를 파악하는 방법으로 CVP분석이라고도 한다. 여기에서 조업도는 일반적으로 생산량이나 판매량을 의미하므로 생산량이나 판매량이 원가나 이익에 미치는 정보를 제공하기 때문에 경영자의 단기적 이익계획을 수립하는 유용하게 이용될 수 있다.

현실 세계에서는 이익과 원가가 판매량 또는 생산량뿐만 아니라 다양한 요소들에 의해 영향을 받는다. 따라서 CVP 분석은 논의의 편의상 아래의 〈그림 11-1〉과 같이 네 가지 가정을 전제로 분석을 진행하고 있다.

그림 11-1
CVP 분석의 가정

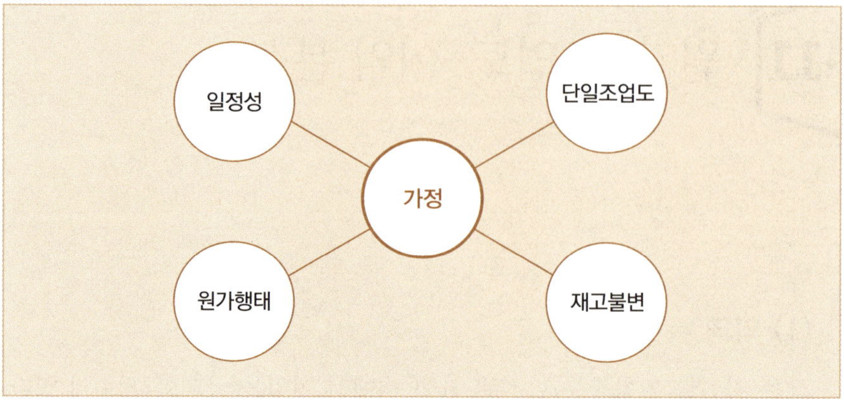

첫 번째 가정은 수익과 원가의 일정성이다. 즉, 경영자의 의사결정은 관련범위 내에서 행해지며 관련범위 내에서 제품 단위당 판매가격과 원가구조는 일정하며 판매량 또는 생산량에 따라 변화하지 않는다. 두 번째는 원가행태에 대한 가정이다. 모든 원가는 변동원가와 고정원가로 구분될 수 있으며 관련범위 내에서 단위당 변동원가는 일정하며 고정원가의 총액은 변화하지 않는다. 세 번째는 재고불변의 가정이다. CVP 분석에서는 생산량과 판매량이 동일하여 기초와 기말의 재고량이 변동이 없다고 가정한다. 즉, 생산된 제품이 모두 판매되어 재고자산의 변화가 손익에 미치는 영향이 없다고 가정한다. 마지막 가정은 단일의 조업도에 대한 가정이다. 수익과 원가는 다양한 요소들(예: 생산요소들의 가격변화, 제조기술의 변화, 고객선호도의 변화 등)에 의해 영향을 받지만 CVP 분석에서는 유일하게 단일의 조업도(예: 판매량 또는 생산량)에 의해서만 영향을 받는다고 가정한다. 따라서 복수의 제품을 판매하는 경우라도 판매되는 제품의 배합은 일정하여 판매배합을 고려한 가중평균한 단위당 공헌이익은 항상 동일하다고 가정한다.

(2) 손익분기점 분석

손익분기점(break-even point: BEP)은 기업의 이익을 0으로 만드는 판매량으로 제품의 판매로 인한 수익과 지출된 원가를 일치시키는 점을 의미한다. 즉, 손익분기점 이하로 제품을 판매하면 손실이 발생하고 그 이상으로 제품이 판매되면 이익이 발생하게 된다. 손익분기점 분석을 다음의 〈사례 11-1〉을 통해 살펴본다.

사례 11-1

(주)동화는 자동차를 생산하는 기업이며, 판매가격, 원가 등에 관한 자료는 다음과 같다.

항목	금액	항목	금액
단위당 판매가격	₩200	고정 제조간접원가	₩2,000
단위당 변동 제조원가	100	고정 판매비와 관리비	1,000
단위당 변동 판매비와 관리비	50		

위의 〈사례 11-1〉에서 (주)동화는 자동차를 1단위 생산하고 판매할 때마다 단위당 ₩200의 추가적인 매출과 단위당 변동원가(변동 제조원가와 변동 판매비와 관리비)인 ₩150(=₩100+₩50)의 원가가 발생하므로 ₩50의 이익을 창출하게 된다. 여기에서 단위당 판매가격과 단위당 변동원가의 차이인 ₩50을 단위당 공헌이익(unit contribution margin)이라고 한다. 또한 단위당 공헌이익을 단위당 판매가격으로 나누면 공헌이익률(contribution margin ratio)을 구할 수 있다. 〈사례 11-1〉에서 공헌이익률은 25%(=₩50÷₩200)가 된다. 즉, 자동차의 공헌이익률은 25%이며, 이는 매출의 25%가 공헌이익이고 나머지 75%가 변동원가임을 나타낸다.

단위당 공헌이익에 판매량을 곱한 수치를 총공헌이익(total con-tribution margin)이라고 한다. 총공헌이익은 고정원가를 고려하기 전의 이익이므로 영업이익을 계산하기 위해서는 총공헌이익에 고정원가인 고정 제조간접원가와 고정 판매비와 관리비를 차감하여 산정한다. 위의 〈사례 11-1〉의 총매출과 총원가를 나타내면 〈그림 11-2〉와 같다.

그림 11-2
원가-조업도-이익

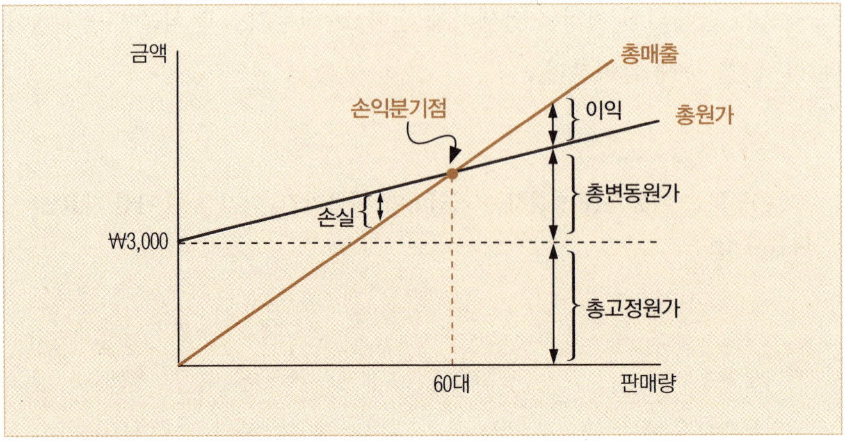

위의 〈그림 11-2〉를 원가-조업도-이익의 그림이라고 한다. 위의 그림에서 총매출선은 원점을 지나는 직선이고 기울기는 단위당 판매가격인 ₩200을 의미한다. 총원가선은 변동원가와 고정원가로 구성되어 있으며 준변동원가의 행태를 지니고 있다. 위의 그림에서 총매출선과 총원가선이 교차하는 점이 수익과 원가를 일치시켜 이익이 0인 손익분기점이다. 〈사례 11-1〉에서는 손익분기점의 판매량이 60단위로 계산된다. 손익분기점을 기준으로 손익분기점보다 낮은 판매량에서는 총원가선이 총매출선보다 위에 위치하여 영업손실이 발생하고 손익분기점보다 높은 판매량에서는 총매출선이 총원가선보다 위에 있기 때문에 영업이익이 발생하게 된다.

한편, 원가-조업도-이익 그림을 보다 단순화시켜 아래의 〈그림 11-3〉과 같이 이익-조업도 그림(profit-volume chart)으로도 나타낼 수도 있다.

그림 11-3

이익-조업도

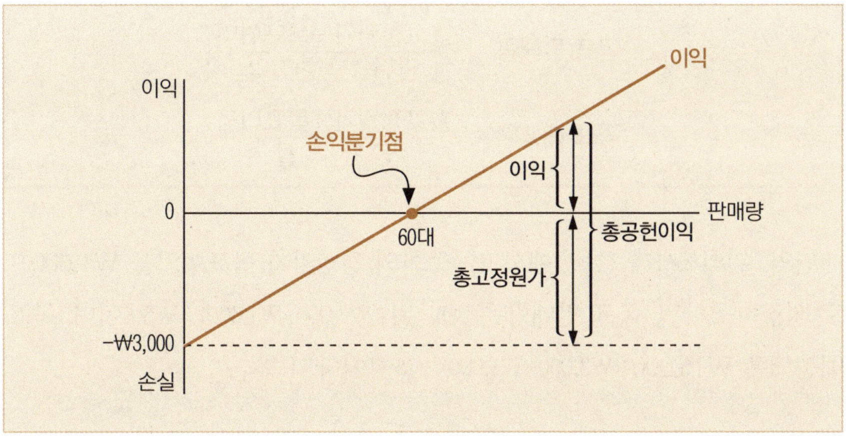

이익-조업도 그림은 총매출에서 총원가를 차감한 이익선을 도출하여 판매량의 변화에 따라 이익이 어떻게 변화하는지를 나타낸 것이다. 위의 그림에서 이익선의 기울기는 단위당 공헌이익인 ₩50이다. 판매량이 0인 경우에는 총고정원가 만큼 영업손실이 발생하므로 이익선의 수직축과 만나는 점은 총고정원가의 음수값인 -₩3,000이 된다. 또한 판매량이 증가함에 따라 단위당 공헌이익인 ₩50만큼 손실이 줄어들기 때문에 이익선과 수평축에서 만나는 점은 손실이 0이 되는 손익분기점이 된다. 즉, 판매량이 손익분기점인 60단위보다 크면 총공헌이익이 총고정원가보다 커서 영업이익이 생기게 되고, 판매량이 손익분기점인 60단위보다 작으면 총공헌이익이 총고정원가보다 작아서 영업손실이 발생하게 된다. 이와 같이 이익-조업도 그림을 이용하면 원가-조업도-이익 그림을 사용할 때 보다 판매량의 변동에 따라 이익이 어떻게 변화하는지를 보다 더 명확하게 분석할 수 있다.

(3) 목표이익 분석

원가-조업도-이익분석을 하면 손익분기점뿐만 아니라 경영자가 원하는 목표이익(target income)을 달성하기 위한 목표 판매량과 목표 매출액을 아래와 같이 손쉽게 계산할 수 있다.

$$목표\ 판매량 = \frac{총고정원가 + 목표이익}{단위당\ 공헌이익}$$

$$목표\ 매출액 = \frac{총고정원가 + 목표이익}{공헌이익률}$$

만약, 위의 〈사례 11-1〉에서 (주)동화의 경영자가 목표이익을 ₩1,000으로 설정하였다면, 목표 판매량은 80단위{(₩3,000+₩1,000)÷₩50}이며, 목표 매출액은 ₩16,000{(₩3,000+₩1,000)÷25%}이다.

(4) 영업레버리지 분석

영업레버리지(operating leverage)란 총고정원가가 일정하여 매출액이 조금만 증가하여도 영업이익이 더 크게 증가하는 현상을 말한다. 즉, 영업레버리지는 총고정원가가 지렛대의 역할을 하여 판매량의 변화율보다 영업이익의 변화율이 더 커지는 현상을 말한다. 이러한 영업레버리지의 효과는 아래와 같이 영업레버리지도(degree of operating leverage)로 나타낼 수 있다.

$$영업레버리지도 = \frac{영업이익의\ 변화율}{매출액의\ 변화율}$$
$$= 총공헌이익/영업이익$$

만약 〈사례 11-1〉에서 (주)동화의 현재 판매량이 80단위였고 현재의 판매량에서 10%의 매출증감이 있다면 (주)동화의 영업이익은 아래와 같이 변동한다.

구 분	감 소(%)	현 재	증 가(%)
판매량	72단위 (−10%)	80단위	88단위 (+10%)
매출액	₩14,400 (−10%)	₩16,000	₩17,600 (+10%)
총변동원가	10,800 (−10%)	12,000	13,200 (+10%)
총공헌이익	3,600 (−10%)	₩4,000	₩4,400 (+10%)
총고정원가	3,000 (0%)	3,000	3,000 (0%)
영업이익	₩600 (−40%)	₩1,000	₩1,400 (+40%)

위의 표에서 알 수 있듯이 판매량이 10% 증가(또는 감소)하면 매출액, 총변동원가 및 총공헌이익은 각각 10%씩 증가(또는 감소)하나, 총고정원가는 판매량의 변화와 상관없이 일정하므로 영업이익은 40%가 증가(또는 감소)하여 판매량의 증가율(또는 감소율)보다 영업이익의 증가율(또는 감소율)이 더 커지게 된다. 참고로 위의 〈사례 11-1〉의 영업레버리지도는 4(₩4,000÷₩1,000)가 된다.

(5) 세금효과 분석

실제 현실에서 기업들은 창출한 이익에 대해 법인세를 납부해야 한다. 따라서 법인세를 고려할 경우 CVP분석은 다음과 같은 영향을 받는다. 첫째, 손익분기점에서는 이익이 발생하지 않기 때문에 납부할 법인세가 존재하지 않는다. 따라서 법인세를 고려하더라도 손익분기점은 변화하지 않는다. 둘째, 경영자가 설정한 목표이익은 세금을 납부한 이후의 최종적인 금액이므로 아래와 같이 목표 판매량과 목표 매출액을 조정한다.

$$\text{목표 판매량} = \frac{\text{총고정원가} + \dfrac{\text{목표이익}}{1-\text{세율}}}{\text{단위당 공헌이익}}$$

$$\text{목표 매출액} = \frac{\text{총고정원가} + \dfrac{\text{목표이익}}{1-\text{세율}}}{\text{공헌이익률}}$$

만약, 위의 〈사례 11-1〉에서 세율이 20%이고 (주)동화의 경영자가 설정한 세후목표이익이 ₩1,000이라면, 목표 판매량은 85단위 [{₩3,000+₩1,000/(1-0.2)}÷₩50]이며, 목표 매출액은 ₩17,000 [{₩3,000+₩1,000/(1-0.2)}÷25%]이다. 위의 상황을 이익-조업도 그림으로 나타내면 다음의 〈그림 11-4〉와 같다.

그림 11-4

세금효과를 반영한 이익-조업도

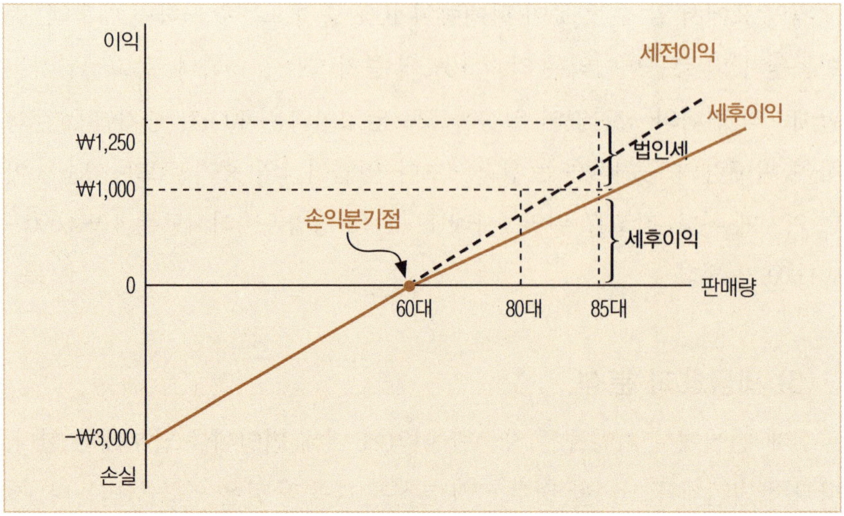

앞의 그림에서 보듯이 세후목표이익이 ₩1,000이면 세전목표이익은 ₩1,250{₩1,000/(1-0.2)}이 된다. ₩1,250의 세전목표이익이 달성되면 법인세로 20%인 ₩250을 납부하고 세후목표이익은 ₩1,000이 된다. 세전목표이익 ₩1,250을 위한 자동차의 판매량은 85대이다. 또한 세후목표이익 ₩1,000을 달성하기 위해서는 자동차의 판매량은 80대가 필요하고 법인세 ₩250을 위해서는 5대의 자동차를 추가적으로 판매해야 한다.

종합예제

㈜대한은 핸드폰을 제작하는 회사로서 신제품 '잘걸린다'폰의 신규출시를 앞두고 있다. 현재 ㈜대한의 재무분석팀은 신규핸드폰의 이익을 예측하려고 하는데 다음과 같은 자료를 입수하였다. 신규핸드폰의 개당 판매가격은 ₩1,000이며 원가자료가 다음과 같을 경우 [요구사항]에 답하시오.

	변동비	고정비
직접재료비	₩100	
직접노무비	200	
제조간접비	300	₩1,000,000
판매관리비	100	500,000
계	₩700	₩1,500,000

요구사항

1. 손익분기점 판매량과 손익분기점 매출액을 구하시오.
2. 판매가격이 ₩150 하락할 경우 손익분기점 판매량을 구하시오.
3. 변동비가 ₩100 상승할 경우 손익분기점 판매량을 구하시오.
4. 판매량이 10,000개인 경우에 영업이익, 안전한계(margin of safety)와 안전한계율을 구하시오.
5. ㈜대한이 ₩1,200,000의 영업이익을 얻기 위해 필요한 판매량을 구하시오.
6. 총고정비 중 감가상각비가 ₩300,000, 법인세가 없는 경우 현금흐름분기점 판매량을 구하시오.
7. 총고정비 중 감가상각비가 ₩300,000, 법인세율이 50%인 경우 현금흐름분기점 판매량을 구하시오.

해 답

[자료분석]

단위당 판매가격	₩1,000
단위당 변동비 : ₩100 + ₩200 ₩300 + ₩100 =	700
단위당 공헌이익	₩300
고정비 : ₩1,000,000 + ₩500,000 =	₩1,500,000

1. (1) 손익분기점 판매량을 Q라고 하면,

   손익분기점 판매량 = 고정비 ÷ 단위당 공헌이익

   ∴ Q = ₩1,500,000 ÷ @300

   = 5,000개

   (2) 손익분기점 매출액 : 5,000개 × @1,000 = ₩5,000,000

2. 판매가격이 ₩150 하락하면 새로운 판매가격은 ₩1,000 - ₩150 = ₩850이 되고, 새로운 공헌이익은

   ₩850 - ₩750 = ₩150이 된다. 손익분기점 판매량을 Q라고 하면,

   Q = ₩1,500,000 ÷ @150

   = 10,000개

3. 변동비가 ₩100 상승하면 새로운 변동비는 ₩700 + ₩100 = ₩800이 되고, 새로운 공헌이익은 ₩1,000 - ₩800 = ₩200이 된다. 손익분기점 판매량을 Q라고 하면,

   Q = ₩1,500,000 ÷ @200

   = 7,500개

4. (1) 영업이익 = 10,000대 × @300 (공헌이익) - ₩1,500,000 (고정비)

   = ₩1,500,000

   (2) 안전한계 = 10,000대 × @1,000 (매출액) - ₩5,000,000 (BEP 매출액)

   = ₩5,000,000

(3) 안전한계율 : $\dfrac{\text{안전한계}}{\text{매출액}} = \dfrac{₩5,000,000}{₩10,000,000} = 0.5(50\%)$

5. 필요판매량을 Q라고 하면,

$\underbrace{Q \times @300}_{\text{공헌이익}} - \underbrace{₩1,500,000}_{\text{고정비}} = \underbrace{1,200,000}_{\text{목표이익}}$

$\therefore$ Q = 9,000개

6. 현금흐름분기점 판매량을 Q라고 하면,

$\underbrace{Q \times @1,000}_{\text{매출액}} = \underbrace{Q \times @700}_{\text{변동비}} + (\underbrace{₩1,500,000}_{\text{고정비}} - \underbrace{₩300,000}_{\text{감가상각비}})$

$\therefore$ Q = 4,000개

7. 현금흐름분기점 판매량을 Q, 법인세를 T라고 하면,

$\underbrace{Q \times @1,000}_{\text{매출액}} = \underbrace{Q \times @700}_{\text{변동비}} + (\underbrace{₩1,500,000}_{\text{고정비}} - \underbrace{₩300,000}_{\text{감가상각비}}) + \underbrace{T}_{\text{법인세}}$ ······················ ①

$T = (\underbrace{Q \times @1,000}_{\text{매출액}} - \underbrace{Q \times @700}_{\text{변동비}} - \underbrace{₩1,500,000}_{\text{고정비}}) \times \underbrace{50\%}_{\text{법인세율}}$ ······················ ②

$\therefore$ ①, ②에서 Q = 3,000개

12 관련원가와 의사결정

(1) 의의

의사결정(decision making)이란 선택 가능한 다양한 대안들(alternatives) 중에서 경영자의 목적을 가장 효율적으로 달성할 수 있는 최적의 대안을 선택하는 것을 말한다. 의사결정은 아래의 〈그림 12-1〉과 같이 기간에 따라 크게 단기와 장기의사결정으로 나뉠 수 있으며 단기의사결정은 다시 경영자의 일상적인 경영활동과 관련된 의사결정과 특수한 상황하에서의 의사결정으로 구분될 수 있다.

그림 12-1
의사결정의 유형

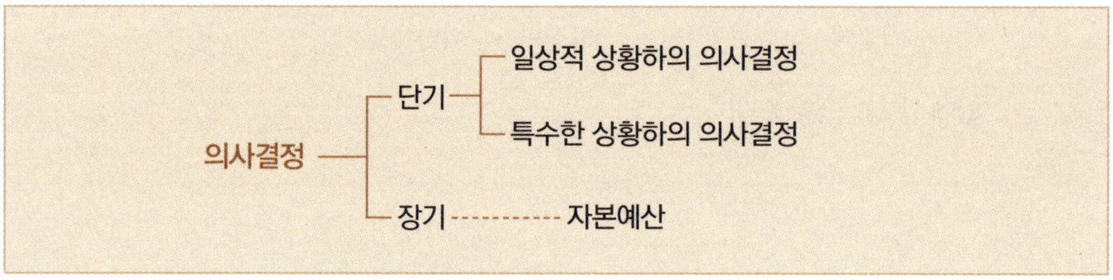

단기의 의사결정은 의사결정으로 인한 결과가 1년 이내에 발생하는 것으로 주로 제품의 생산계획, 임률 결정, 판매가격 결정 등과 같은 일상적인 상황에서의 의사결정과 아래의 〈그림 12-2〉와 같이 특수한 상황(생산라인의 유지 또는 포기, 부품의 자가생산 또는 외부구입, 특별주문, 제약자원의 활용 등)에서의 의사결정이 포함된다.

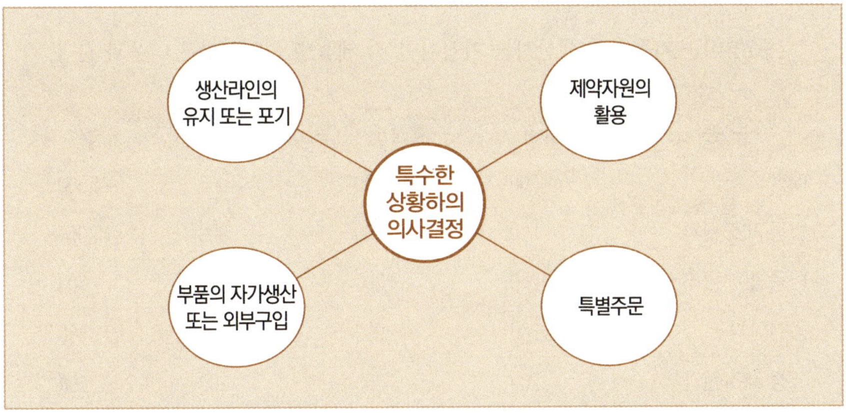

그림 12-2
특수한 상황하의 의사결정

한편, 장기의 의사결정은 기계장치, 건물 등에 대한 투자로 인한 의사결정의 결과가 1년 이상에 걸쳐 나타나는 것으로 경영자의 장기적인 경영계획에 기초를 두고 있다. 위와 같은 경영자의 다양한 의사결정 중 본 장에서는 특수한 상황에서의 의사결정에 대해서만 설명하고 일상적 상황하의 의사결정과 장기적 의사결정은 '14장 종합예산'에서 설명하도록 한다.

① 생산라인의 유지 또는 포기

기업에서 생산하는 제품이 여러 종류인 경우 특정 제품에 손실이 발생하면 경영자는 해당 제품의 생산라인을 유지할 것인가 아니면 포기할 것인가를 결정하게 된다. 특정 제품의 생산라인을 유지할 것인가 아니면 포기할 것인가에 대한 경영자의 의사결정과정을 다음의 〈사례 12-1〉을 통해 살펴본다.

사례 12-1

(주)명미는 자동차를 생산하는 기업이며, 각 제품별 손익현황은 다음과 같다.

구 분	제품 A	제품 B	제품 C	계
매출	₩1,000	₩1,500	₩2,000	₩4,500
변동 제조원가	500	600	900	2,000
변동 판매관리비	200	300	200	700
공헌이익	₩300	₩600	₩900	₩1,800
고정 제조원가	200	250	300	750
고정 판매관리비	200	250	300	750
영업이익 (손실)	₩(100)	₩100	₩300	₩300

위의 〈사례 12-1〉에서 제품 A, B, C의 영업손익은 각각 ₩(100), ₩100, ₩300이다. (주)명미의 제품 중 영업손실이 발생하는 제품은 A이며 경영자는 제품 A의 생산라인을 유지할 것인가 아니면 포기할 것인가를 고민할 것이다. 이때 경영자의 의사결정은 A제품의 생산라인을 유지 또는 포기함으로써 회사전체의 이익에 얼마큼의 영향을 미치는지를 고려하여 특정 제품의 생산라인을 유지 또는 포기할 것이다. 즉, A제품의 생산라인을 포기할 경우 유지하는 경우보다 회사의 이익에 미치는 영향이 더 크다면 경영자는 A제품의 생산라인을 포기할 것이다.

여기에서 주의할 점은 A제품의 생산라인의 포기와 관련하여 변동원가(변동 제조원가와 변동 판매관리비)뿐만 아니라 포기로 인하여 감소하는 고정원가(고정 제조원가와 고정 판매관리비)도 고려해야 한다는 것이다. 즉, 고정원가의 경우 A제품의 생산라인을 포기할 경우 줄어드는 A제품의 생산라인에 종사하는 감독자 급여, 광고선전비 등과 같은 회피가능원가(avoidable cost)를 고려해야 한다. 그러나 A제품의 생산라인을 포기할 경우라도 줄어들지 않는 본사에서 발생하는 소모품비 또는 광고선전비 배부액 등과 같은 회피불가능원가(unavoidable cost)는 A제품의 생산라인의 유지 또는 포기 여부를 결정하는 과정에서 고려되서는 안된다.

위의 〈사례 12-1〉에서 고정원가가 회피가능한 경우와 회피불가능한 경우로 구분하여 A제품의 생산라인을 포기하는 경우 회사의 영업이익에 미치는 영향을 요약하면 다음과 같다.

구분	고정원가가 회피가능한 경우	고정원가가 회피불가능한 경우
매출액의 감소	₩(1,000)	₩(1,000)
변동 제조원가의 감소	500	500
변동 판매관리비의 감소	200	200
고정 제조원가의 감소	200	-
고정 판매관리비의 감소	200	-
영업이익의 변화	₩100	₩(300)

위의 표에서 알 수 있듯이 고정 제조원가와 고정 판매관리비가 회피가능원가라면 경영자가 A제품의 생산라인을 포기하는 경우 증분수익은 감소하는 변동원가 ₩700(₩500+₩200)와 고정원가 ₩400 (₩200+₩200)의 합인 ₩1,100인데 반해 증분원가는 감소하는 매출 ₩1,000이므로 영업이익은 ₩100만큼 증가하게 되어 A제품의 생산라인을 포기하는 것이 유리하다. 그러나 고정 제조원가와 고정 판매관리비가 회피불가능원가라면 증분수익은 감소하는 변동원가 ₩700 (₩500+₩200)만 해당하며 증분원가는 감소하는 매출 ₩1,000이므로 영업이익은 ₩300만큼 감소하여 A제품의 생산라인을 유지하는 것이 유리하다. 따라서 고정원가의 회피가능성 여부에 따라 A제품의 생산라인 유지 또는 포기의 의사결정은 달라 지게 된다.

한편, 경영자가 특정 제품의 생산라인을 유지 또는 포기하는 의사결정을 하는 경우 양적 수치뿐만 아니라 생산라인의 포기로 인하여 미치는 질적 영향도 동시에 고려해야 한다. 즉, 경영자는 특정 제품의 생산라인을 포기하는 경우 기업의 이미지 실추와 다른 제품의 판매량 감소 등과 같은 영향들도 동시에 고려해야 한다.

② 부품의 자가 생산 또는 외부 구입

기업들은 제품에 들어갈 부품을 직접 생산하거나 외부에서 구입하여 조립 후 제품을 생산한다. 대부분의 기업들은 핵심적인 부품을 제외한 상당 부분의 부품들을 외부에서 조달받는다. 외부에서 구입하는 부품들은 기업이 자체적으로 생산하는 부품들에 비해 원가가 낮다는 장점이 있는 반면, 부품의 수급, 품질관리 측면에서 문제가 발생할 수 있다. 따라서 경영자는 제품생산에 필요한 부품을 기업이 직접 생산할지 아니면 외부에서 구입할지를 신중히 검토할 것이다.

특정 부품을 기업이 직접 생산할지 아니면 외부에서 구입할지에 대한 경영자의 의사결정과정을 다음의 〈사례 12-2〉을 통해 살펴본다.

사례 12-2

(주)명미는 자동차를 생산하는 기업이며, 다음은 자동차에 들어갈 엔진의 생산원가(연간 소비량: 100대)를 나타낸 표이다. (주)명미는 올해초 외부공급업자인 (주)종현으로 부터 단위당 ₩450에 필요한 만큼의 엔진을 공급하겠다는 제의를 받았다.

구분	단위당 원가	총원가	비고
직접재료원가	₩100	₩10,000	회피가능원가
직접노무원가	200	20,000	회피가능원가
변동제조간접원가	50	5,000	회피가능원가
고정제조간접원가			
재료관리원가	50	5,000	회피가능원가
감가상각비	80	8,000	회피불가능원가
본사 배부액	10	1,000	회피불가능원가
계	₩500	₩50,000	

부품의 자가생산 또는 외부구입과 관련된 의사결정을 하는 경우 경영자는 자가생산하는 경우의 관련원가와 외부구입가격을 비교하여 자가 생산하는 경우의 관련원가가 외부구입가격보다 낮으면 자가생산하고 반대일 경우에는 외부에서 구입할 것이다. 이러한 의사결정을 할 때 고려되는 관련원가는 변동제조원가, 회피가능한 고정제조원가뿐만 아니라 외부에서 부품을 구입하는 경우 기존의 설비를 임대하거나 다른 제품의 생산에 사용함으로써 추가적을 얻게 되는 수익(예: 임대수익 또는 제품의 공헌이익 등) 등도 포함되어야 한다. 왜냐하면, 이러한 수익은 기존 설비를 사용함으로써 포기한 기회비용에 해당하기 때문이다.

만약, 위의 〈사례 12-2〉에서 기존 설비를 임대하는 경우 연간 ₩6,000의 임대수익이 존재하는 경우와 존재하지 않는 경우를 구분하여 엔진의 외부구입이 회사의 영업이익에 미치는 영향을 요약하면 다음과 같다.

구분	임대수익이 존재하지 않는 경우	임대수익이 존재하는 경우	비고
엔진의 외부 구입액	₩(45,000)	₩(45,000)	₩450×100대
직접재료원가 감소	10,000	10,000	₩100×100대
직접노무원가 감소	20,000	20,000	₩200×100대
변동제조간접원가 감소	5,000	5,000	₩50×100대
재료관리원가 감소	5,000	5,000	₩50×100대
기존 설비의 임대수익	-	6,000	연간 임대수익
영업이익의 변화	₩(5,000)	₩1,000	

위의 표에서 알 수 있듯이 임대수익이 존재하지 않는 경우 경영자가 엔진을 (주)종현으로부터 구입하는 경우 증분수익은 감소하는 직접재료원가 ₩10,000, 직접노무원가 ₩20,000, 변동제조간접원가 ₩5,000와 고정제조간접원가 중 회피가능한 재료관리원가 ₩5,000의 합인 ₩40,000인데 반해 증분원가는 엔진의 외부구입으로 인한 지출액 ₩45,000이므로 영업이익은 ₩5,000만큼 감소하게 되어 엔진을 자가 생산하는 것이 유리하다. 그러

나, 엔진의 외부구입으로 인하여 기존 설비를 임대할 수 있는 경우에는 증분수익이 임대수익이 없는 경우와 비교하여 ₩6,000이 증가하므로 영업이익은 ₩1,000만큼 증가한다. 따라서 경영자는 임대수익이 존재하는 경우 엔진을 (주)종현에서 구입하는 경우가 자가생산하는 경우에 비해 유리하게 된다.

한편, 경영자는 특정 부품의 자가생산 또는 외부구입하는 경우 양적 수치뿐만 아니라 질적 요소도 동시에 고려해야 한다. 즉, 경영자는 특정 부품의 자가 생산이 양적 수치로는 유리하더라도 외부공급업체와의 유대관계, 과잉투자로 인한 위험성 등을 고려해야 한다. 또한, 반대로 외부에서 특정 부품을 구입하는 것이 재무적 측면에서 유리하더라도 부품의 적시 공급가능성, 외부공급업체의 품질관리능력 등의 질적 요소도 함께 고려해야 한다.

③ 특별주문

기업들은 종종 예기치 못한 고객으로부터 특별한 형태의 주문을 요청받는 경우가 있다. 이러한 특별주문(special order)은 일반적으로 기업의 정상적인 영업과는 별도로 한시적인 주문인 경우가 많다. 이러한 경우 기업의 생산능력에 여유가 있고 가격이 적절하다면 경영자는 특별주문을 수락하겠지만 기업의 생산능력에 여유가 없거나 가격이 너무 낮은 경우에는 경영자는 특별주문의 수락 또는 거절을 신중히 검토할 것이다.

특별주문에 대한 경영자의 수락 또는 거절의 의사결정과정을 다음의 〈사례 12-3〉을 통해 살펴본다.

사례 12-3

(주)성일은 의류를 생산하여 판매하는 기업이며, 20×1년 판매량은 100단위이며, 20×1년의 매출, 제조원가 등에 대한 자료는 다음과 같다. 또한 (주)성일은 지금까지 내수판매만 해왔으나, 20×2년초 외국의 의류구매업자로부터 단위당 ₩7에 50단위의 의류를 구입하겠다는 특별주문을 받았다.

구분	금액	비고
매출	₩1,000	₩10×100단위
변동 제조원가	400	₩4×100단위
변동 판매관리비	100	₩1×100단위
공헌이익	₩500	
고정 제조원가	200	₩2×100단위
고정 판매관리비	200	₩2×100단위
영업이익	₩100	

기업이 고객으로부터 특별주문을 받는 경우 경영자는 특별주문의 수락으로 인하여 증가하는 수익과 원가를 비교하여 특별주문의 수락여부를 결정할 것이다. 만약, 기업이 특별주문을 수락하더라고 생산능력에 여유가 있어 기존 생산설비를 사용할 수 있다면 비교적 간단하게 특별주문으로 인한 관련손익을 계산할 수 있다. 즉, 특별주문으로 인하여 증가하는 매출액과 변동원가(예: 변동 제조원가, 변동 판매관리비 등)를 고려하여 수락 여부를 결정하면 된다. 그러나 기업의 생산능력에 여유가 없는 경우에는 특별주문을 수락하기 위해서는 생산설비를 확충하거나 기존 시장에서 판매되는 정규 판매량을 감소시켜야 한다. 따라서 기업의 생산능력에 여유가 없는 경우에는 추가적인 관련원가로 확충된 생산설비에 대한 고정원가, 기존 시장의 정규 판매량 감소로 인한 공헌이익 감소액 등을 고려해야 한다. 위의 내용을 간략하게 요약하면 〈그림 12-3〉과 같다.

그림 12-3

특별주문의 수락 또는 거절

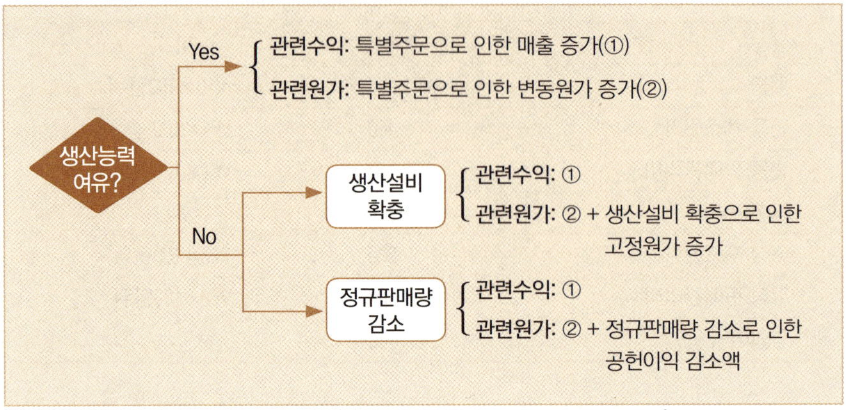

만약, 위의 〈사례 12-3〉에서 (주)성일의 생산능력에 여유가 있는 경우와 없는 경우를 구분하여 특별주문이 회사의 영업이익에 미치는 영향을 요약하면 다음과 같다. 단, (주)성일의 생산능력에 여유가 없어 추가적인 생산설비를 구입하는 경우 추가적으로 발생하는 연간 고정 제조원가는 ₩200이라고 가정한다.

구 분	생산능력 여유 있음	생산능력 여유 없음		비 고
		정규시장 포기	생산설비 확충	
매출 증가	₩350	₩350	₩350	₩7×50단위
변동 제조원가 증가	(200)	(200)	(200)	₩4×50단위
변동 판매관리비 증가	(50)	(50)	(50)	₩1×50단위
정규시장 공헌이익 감소	–	(250)	–	₩5×50단위
설비확충 고정원가 증가	–	–	(200)	연간 고정원가
영업이익의 변화	₩100	₩(150)	₩(100)	

위의 표에서 알 수 있듯이 기업의 생산능력에 여유가 있는 경우 경영자는 특별주문을 통해 매출증가라는 증분수익 ₩350을 얻는데 반해 증분원가는 특별주문으로 인한 변동 제조원가의 증가 ₩200과 변동 판매관리비의 증가 ₩50의 합인 ₩250이므로 영업이익은 ₩100만큼 증가하게 되어 경영자는 특별주문을 수락한다. 그러나 기업의 생산능력에 여유가 없는

경우에는 정규 판매시장에서 판매를 포기하거나 생산설비를 확충해야 한다. 정규 판매시장에서 판매를 포기하거나 생산설비를 확충하는 경우 증가하는 관련원가는 각각 ₩250과 ₩200이므로 이를 반영한 기업의 영업이익에 미치는 영향은 각각 ₩(150)과 ₩(100)으로 모두 음의 값을 가지게 된다. 따라서 경영자는 기업의 생산능력에 여유가 없는 경우 특별주문을 거절해야 한다.

한편, 경영자는 특별주문의 수락 또는 거절의 의사결정을 하는 경우 양적 수치뿐만 아니라 질적 요소도 동시에 고려해야 한다. 즉, 경영자는 특별주문의 수락으로 인하여 기존 판매시장에서의 가격인하압력, 장기적인 가격구조, 미래의 판매량에 미치는 영향 등의 질적 요소도 함께 고려해야 한다.

④ 제약자원의 활용

기업들은 제품을 생산하기 위해 다양한 자원(예: 원재료, 노동시간, 기계작업시간 등)을 생산과정에 투입한다. 그러나 기업이 사용할 수 있는 자원은 한정되어 있기 때문에 경영자는 한정된 자원 내에서 이익을 극대화하고자 할 것이다. 제약된 자원이 존재하는 경우 경영자의 의사결정과정을 다음의 〈사례 12-4〉를 통해 살펴본다.

사례 12-4

(주)승진은 자동차를 생산하는 기업이며, 각 제품별 판매가격, 공헌이익 등은 아래와 같다. 또한 회사가 이용 가능한 연간 기계시간은 1,000시간이며, 제품 A를 한 단위 생산하는데 1기계시간, 제품 B는 4기계시간이 소요된다.

구 분	제품 A	제품 B
단위당 판매가격	₩1,000	₩1,500
단위당 변동 제조원가	500	600
단위당 변동 판매관리비	200	300
단위당 공헌이익	₩300	₩600
기계시간 당 공헌이익	₩300/시간	₩150/시간

위의 〈사례 12-4〉에서 제품 A와 B의 제품 단위당 공헌이익은 각각 ₩300과 ₩600이며, 기계시간당 공헌이익은 각각 ₩300/시간과 ₩150/시간이 된다. 만약, (주)승진의 생산설비가 충분히 커서 생산능력에 제약이 없다면 경영자는 제품 A와 B를 시장에서 요구되는 수요량만큼 생산하면 될 것이다. 그러나 생산능력에 제약이 존재하는 경우 경영자는 이용 가능한 자원을 가장 효율적으로 사용하기 위해서 제약된 자원 당 공헌이익이 큰 제품을 우선적으로 생산해야 한다. 즉, 기계시간 당 공헌이익이 큰 제품 B를 우선적으로 생산해야 한다. 여기에서 주의할 점은 제약자원이 존재하는 경우 제품 단위당 공헌이익이 큰 제품 A를 우선적으로 생산해서는 안 된다.

만약, 위의 〈사례 12-4〉에서 제품 단위당 공헌이익과 기계시간당 공헌이익을 기준으로 제품을 생산하는 경우 회사의 영업이익을 요약하면 다음과 같다.

구분	제품 단위당 공헌이익		기계시간 당 공헌이익	
생산량	250대 (제품 B)		1,000대 (제품 A)	
매출	₩1,500×250대	₩375,000	₩1,000×1,000대	₩1,000,000
변동 제조원가	₩600×250대	150,000	₩500×1,000대	500,000
변동 판매관리비	₩300×250대	75,000	₩200×1,000대	200,000
공헌이익	₩600×250대	₩150,000	₩300×1,000대	₩300,000

위의 표에서 알 수 있듯이 연간 사용가능한 기계시간이 1,000시간으로 제약되어 있는 상태에서 제품 단위당 공헌이익을 기준으로 제품을 생산하는 경우 250대(1,000기계시간÷4기계시간)의 제품 B를 생산할 수 있다. 제품 B를 250대 생산하는 경우 공헌이익은 ₩150,000(₩600×250대)으로 계산된다. 한편, 〈사례 12-4〉의 제약자원인 기계시간을 기준으로 제품을 생산하는 경우 제품 A를 생산하며 생산량은 1,000대(1,000기계시간÷1기계시간)이다. 제품 A가 1,000대일 때 공헌이익은 ₩150,000(₩300×1,000대)이 된다. 즉, 기계시간당 공헌이익을 기준으로 제품을 생산하는 경우가 제

품 단위당 공헌이익을 기준으로 제품을 생산하는 경우보다 공헌이익이 ₩150,000(₩300,000-₩150,000) 만큼 증가하게 된다. 따라서 제약자원이 존재하는 경우에는 제약되는 자원 당 공헌이익이 큰 순서대로 제품을 생산해야 기업의 이익이 극대화가 된다.

13 불확실성과 의사결정

(1) 의의

의사결정이란 선택가능 한 다양한 대안 중에서 경영자의 의사결정 목적을 가장 효과적으로 달성할 수 있는 최적의 대안을 선택하는 것이다. 이러한 경영자의 의사결정은 아래의 〈그림 13-1〉과 같이 확실한 상황이거나 불확실한 상황에서 이루어진다.

그림 13-1
의사결정 상황

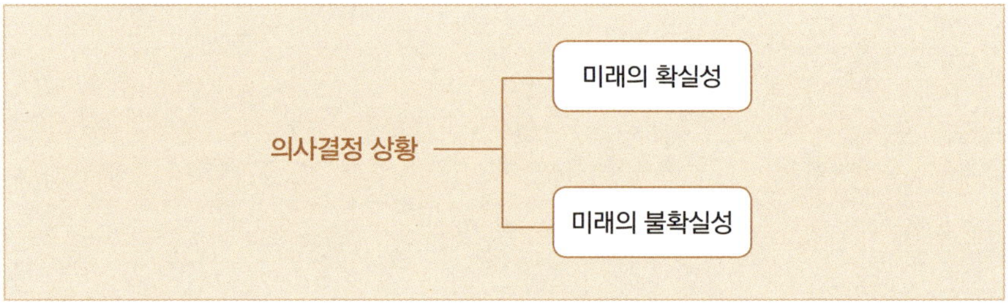

미래가 확실한 경우의 의사결정은 경영자가 행하는 의사결정과 관련된 모든 정보들(예: 예상 판매량, 예상 시장가격, 소비자의 선호도, 수요의 가격탄력성 등)을 경영자가 확실히 알고 있는 상황에서의 의사결정을 말한다. 이에 반해 미래가 불확실한 경우의 의사결정은 의사결정과 관련된 미래의 상황이 불확실한 경우의 의사결정을 의미한다. 현실적으로 대부분의 경우 경영자는 미래의 상황을 완벽하게 예측할 수 없기 때문에 경영자의 의사결정은 불확실한 상황 속에서 이루어지는 경우가 일반적이다. 따라서 경영자는 불확실한 상황을 감소시킬 수 있는 정보를 얻고자 할 것이다. 이하에서는 불확실한 상황에서의 경영자의 의사결정 절차와 불확실한 상황을 감소시킬 수 있는 정보의 가치에 대해 살펴보고자 한다.

(2) 의사결정 절차

불확실한 미래 상황에서 경영자의 의사결정은 아래의 〈그림 13-2〉와 같이 ① 의사결정의 목표설정, ② 발생가능한 모든 미래상황 예상, ③ 모든 미래상황의 발생확률 계산, ④ 성과표 작성, ⑤ 최적대안 선택 등 다섯 단계를 거치게 된다.

그림 13-2
의사결정 절차

경영자의 구체적인 의사결정 절차를 다음의 〈사례 13-1〉을 통해 살펴본다. (주)수민은 출판사인 (주)승진과 다음과 같은 계약을 체결하였다.

사례 13-1

(주)승진은 (주)수민에게 월간 수수료 산정에 대하여 다음과 같은 두 가지 대안을 제시하였다.

대안 1: 수수료 총액 = ₩1,000 + ₩6 × 판매량
대안 2: 수수료 총액 = ₩13 × 판매량

또한, (주)수민이 월간 판매할 수 있는 도서의 판매량과 그 발생확률은 다음과 같으며, (주)수민의 효용함수는 $\sqrt{\text{수수료}}$ 이다.

판매량	확률
100권	55%
200권	45%

① 의사결정의 목표설정

미래가 불확실한 상황에서 경영자 의사결정의 첫 번째 단계는 의사결정의 목표를 설정하는 것이다. 의사결정의 목표는 여러 가지가 있을 수 있는데 일반적으로 이익의 극대화, 비용의 최소화, 효용의 극대화 등이 있다. 이러한 목표는 구체적이어야 하며 계량화할 수 있어야 한다. 경영자는 의사결정의 목표에 따라 다양한 대안들을 평가하고 최적의 대안을 선택하게 된다. 최적대안의 선택기준으로 일반적으로 사용되는 것이 기대가치기준 또는 기대효용기준이 있다. 여기에서 기대가치기준이란 대안별로 성과의 기댓값을 구하여 최적대안을 선택하는 것을 말한다. 이에 반해, 기대효용기준이란 성과의 기댓값, 위험 등을 모두 반영하여 결정된 경영자의 기대효용을 극대화하는 대안을 선택하는 방법을 의미한다. 위의 〈사례 13-1〉에서는 기대가치기준과 기대효용기준 두 가지 모두를 이용하여 최적의 대안을 선택한다.

② 발생가능한 모든 미래상황 예상

경영자의 의사결정의 목표가 설정되었으면 다음으로 발생가능한 모든 미래 상황을 예상해야 한다. 이러한 미래 상황은 두 가지 이상이고 서로 배타적이어야 한다. 예를 들면, 경제상황이 좋음 · 보통 · 나쁨, 연구개발의 성공 또는 실패 등을 들 수 있다. 위의 〈사례 13-1〉에서는 도서의 판매량을 100권 또는 200권으로 예상하였다.

③ 모든 미래상황의 발생확률 계산

발생가능한 모든 미래의 상황을 예상한 뒤에 각 상황에서 발생할 수 있는 확률을 계산해야 한다. 현실세계에서는 발생 가능한 미래상황의 확률 분포를 예상하여 각 상황의 발생확률을 계산할 것이다. 위의 〈사례 13-1〉에서는 도서의 판매량이 100권일 경우를 55%, 200권일 경우를 45%로 계산하였다.

④ 성과표 작성

선택가능한 대안들과 각 상황의 발생확률이 결정되면 두 가지 요소를 결합하여 성과(payoff)를 계산할 수 있다. 또한 각 대안별로 계산된 성과와 주어진 확률을 이용하여 기대가치 또는 기대효용을 산출한다. 위의 〈사례 13-1〉에서는 기대이익과 기대효용을 기준으로 성과표를 작성하면 다음의 〈그림 13-3〉과 같다.

그림 13-3 **성과표**

㉠ 기대이익

미래상황 / 대안	판매량 = 100권 (55%)	판매량 = 200권 (45%)
대안 1	₩1,600 (₩1,000 + ₩6 × 100)	₩1,600 (₩1,000 + ₩6 × 100)
대안 2	₩1,300 (₩13 × 100)	₩2,600 (₩13 × 200)

㉡ 기대효용

미래상황 / 대안	판매량 = 100권 (55%)	판매량 = 200권 (45%)
대안 1	40 √(₩1,000 + ₩6 × 100)	46.9 √(₩1,000 + ₩6 × 100)
대안 2	36.1 √(₩13 × 100)	50.9 √(₩13 × 200)

위의 그림에서 ㉠는 기대이익, ㉡는 기대효용을 기준으로 성과표를 작성한 것이다. 기업의 의사결정 목표가 기대이익이라면 대안 1의 기대이익은 ₩1,870(₩1,600×0.55+₩2,200×0.45)이고 대안 2의 기대이익은 ₩1,885(₩1,300×0.55+₩2,600×0.45)이 된다. 한편, 기업의 의사결정 목표가

기대효용이라면 대안 1의 기대효용은 43.11(40×0.55+46.9×0.45)이고 대안 2의 기대효용은 42.76(36.1×0.55+50.9×0.45)이 된다.

⑤ 최적대안 선택

기업의 의사결정 목표가 기대이익이라면 대안 1의 기대이익 ₩1,870 (₩1,600×0.55+₩2,200×0.45)이 대안 2의 기대이익 ₩1,885(₩1,300×0.55+ ₩2,600×0.45)보다 작기 때문에 경영자는 대안 2를 선택할 것이다. 그러나 기업의 의사결정 목표가 기대효용이라면 대안 1의 기대효용 43.11(40×0.55+46.9×0.45)이 대안 2의 기대효용 42.76(36.1×0.55+50.9×0.45)보다 크기 때문에 경영자는 대안 1을 선택할 것이다. 즉, 위의 〈사례 13-1〉에서 알 수 있듯이 기업의 의사결정 목표에 따라 경영자의 최적 대안은 달라질 수 있다.

(3) 정보의 가치

미래의 불확실한 상황에 직면한 경영자는 의사결정을 하기 전에 미래의 불활실성을 감소시킬 수 있는 정보를 얻고자 할 것이다. 따라서 경영자가 의사결정을 하기 전에 미래를 완전하게 예측할 수 있는 정보를 획득하여 모든 불확실성을 제거할 수 있다면 경영자는 예측된 상황에서 최적의 의사결정을 할 것이다. 여기에서 미래의 모든 불확실성을 완벽하게 제거할 수 있는 정보를 완전정보(perfect information)라고 한다. 따라서 완전정보의 기대가치는 아래와 같이 완전정보하의 기대가치에서 기존정보하의 기대가치를 차감하여 결정한다.

완전정보의 기대가치 = 완전정보하의 기대가치 − 기존정보하의 기대가치

위의 완전정보의 기대가치는 경영자가 기존정보에 비해 완전정보를 얻는 경우 누릴 수 있는 의사결정의 추가적인 가치증가분이며 경영자가 완전정보를 얻기 위해 지불할 수 있는 최대금액이 된다. 위의 〈사례 13-1〉에서는 완전정보의 기대가치는 완전정보하의 기대가치 ₩2,050(₩1,600

×0.55+₩2,600×0.45)에서 기존정보하의 기대가치 ₩1,885(₩1,300×0.55+₩2,600×0.45)을 차감한 ₩165이 된다.

경영자는 위와 같이 완전정보를 획득하여 미래의 불확실성을 모두 제거하려고 하지만 현실 세계에서는 미래의 불확실성을 완벽하게 제거하는 완정정보는 존재하지 않는다. 즉, 미래의 불확실성을 일정 부분 제거시키는 불완전한정보(imperfect information)가 존재할 뿐이다. 이러한 불완전정보의 기대가치는 아래와 같이 불완전정보를 얻는 경우의 기대가치에서 기존 정보하의 기대가치를 차감하여 결정한다.

불완전정보의 기대가치 = 불완전정보하의 기대가치 − 기존정보하의 기대가치

즉, 불완전정보의 기대가치는 불완전정보를 이용함으로써 얻게 되는 기대가치의 증가분으로 경영자가 불완전정보를 얻기 위해 지불할 수 있는 최대금액을 말한다. 위의 〈사례 13-1〉을 통해 불완전정보의 기대가치를 산정하는 방법을 살펴본다. 단, (주)수민은 판매량에 대한 정보를 얻기 위해 시장 조사기관으로 부터 판매량 정보를 제공받고자 하는데, 이러한 시장 조사기관은 판매량이 100권인 경우는 70%, 200권인 경우는 60% 정도로 정확하게 예측한다고 가정한다.

우선 불완전정보의 기대가치를 구하기 위해서는 시장 조사기관으로부터 판매량 정보를 받은 이후의 특정 상황(예: 판매량이 100권 또는 판매량이 200권)이 나타날 조건부 확률을 구해야 한다. 즉, 최초의 판매량이 100권 또는 200권이라는 사전확률(prior probability)은 시장 조사기관으로 부터 판매량 정보를 받은 이후에 변경될 수 있으며 변경 후 확률을 사후확률(posterior probability)이라고 한다. 사전확률은 사후확률로 수정하는 규칙을 베이지안 정리(Baysian theorem)라고 한다. 사전확률에서 사후확률로 수정하는 방법을 다음의 〈그림 13-4〉를 통해 살펴본다.

그림 13-4

사후확률의 계산

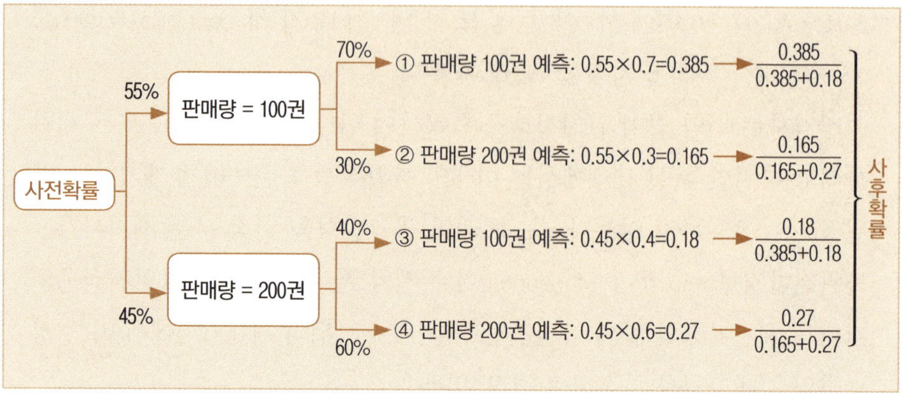

위의 네 가지 사후확률 중 판매량을 100권으로 예측할 때 실제 판매량이 100권일 확률을 우선 구한다. 위의 그림에서 판매량을 100권으로 예측하는 경우가 두 가지이다. 즉, 실제 판매량이 100권이면서 예측 판매량도 100권인 ①의 경우와 실제 판매량이 200권이면서 예측 판매량이 100권인 ③의 경우이다. ①의 경우가 나타날 확률은 0.385이고 ③의 경우가 나타날 확률은 0.18이므로 판매량을 100권으로 예측할 확률은 총 0.565(=0.385+0.18)이다. 그런데 두 가지 경우 중 실제 판매량이 100권일 경우는 ①이므로 예측 판매량이 100권일 때 실제 판매량이 100권일 확률은 0.681(0.385÷0.565)이다. 나머지 경우의 사후확률도 계산하면 다음과 같다.

실제 / 예측	판매량 = 100권	판매량 = 200권	계
판매량 = 100권	$\frac{0.385}{0.385+0.18} = 0.681$	$\frac{0.18}{0.385+0.18} = 0.319$	1
판매량 = 200권	$\frac{0.165}{0.165+0.27} = 0.379$	$\frac{0.27}{0.165+0.27} = 0.621$	1

위의 사후확률을 바탕으로 불완전한 정보하에서 대안별 기대이익을 구하면 다음과 같다. 즉, 시장 조사기관으로 부터 도서가 100권이 판매될 것이라는 정보를 받은 경우(0.385+0.18)의 대안 1의 기대이익은 ₩1,791.4(₩1,600×0.681+₩2,200×0.319)이고 대안 2의 기대이익은 ₩1,714.7(₩1,300×

0.681+₩2,600×0.319)이다. 따라서 시장 조사기관으로 부터 도서가 100권이 판매될 것이라는 정보를 받은 경우 대안 1의 기대이익이 크므로 경영자는 대안 1을 선택할 것이다. 한편, 시장 조사기관으로 부터 도서가 200권이 판매될 것이라는 정보를 받은 경우(0.165+0.27)의 대안 1의 기대이익은 ₩1,972.6(₩1,600×0.379+₩2,200×0.621)이고 대안 2의 기대이익은 ₩2,107.3(₩1,300×0.379+₩2,600×0.621)이다. 따라서 시장 조사기관으로 부터 도서가 200권이 판매될 것이라는 정보를 받은 경우 대안2의 기대이익이 크므로 경영자는 대안 2를 선택할 것이다.

위의 불완전한 정보에서 최적행동의 기대이익과 불완전한 정보를 보고받을 확률을 이용하여 불완전정보하의 기대가치 ₩1,928.82 (₩1,791.4×0.565+₩2,107.3×0.435)를 계산하고 이 금액에서 기존 정보하의 기대가치 ₩1,885(₩1,300×0.55+₩2,600×0.45)를 차감하여 불완전정보의 기대가치 ₩43.82(₩1,928.85-₩1,885)를 계산한다.

종합예제

㈜부산은 제품생산에 사용할 기계구입을 검토하고 있다. 각 기계를 사용하여 제품을 생산할 경우의 각 기계의 수익함수는 다음과 같다. Q는 수요량을 의미한다.

A기계 구입시의 영업이익 = ₩40Q − ₩22,000

B기계 구입시의 영업이익 = ₩50Q − ₩40,000

㈜부산이 생산하는 제품의 수요량이 1,300개가 될 확률은 40%이고, 2,100개가 될 확률은 60%이다.

요구사항

1. 기대가치기준을 적용하여 최적행동대안을 선택하시오.
2. 기대가치기준으로 최적행동 대안을 선택하였으며, 실제수요량이 다음과 같을 경우 예측오차의 원가를 각각 계산하시오.
   (1) 실제수요량이 1,300개로 밝혀질 경우
   (2) 실제수요량이 2,100개로 밝혀질 경우
3. 완전정보의 기댓값(EVPI)를 계산하시오.
4. ㈜부산의 경영자는 제품의 수요량에 대한 정보를 얻기 위하여 전문가를 고용할 수 있다. 그러나 이 전문가의 정보는 완전하지 않기 때문에 실제로 제품수요량이 1,300개일 때 70%의 확률로 정확한 예측을 하고, 제품수요량이 2,100개일 때 80%의 확률로 정확하게 예측을 한다. 불완전정보의 기댓값(EVSI)를 계산하시오.

해 답

1. 기대가치기준

(1) 조건부 성과표

대 안	미래상황	
	x_1 : 1,300개 (0.4)	x_2 : 2,100개 (0.6)
a_1 : A기계구입	₩30,000[*1]	₩62,000
a_2 : B기계구입	25,000[*2]	65,000

* 1. @40 × 1,300개 − ₩22,000 = ₩30,000
2. @50 × 1,300개 − ₩40,000 = ₩25,000

(2) 기대영업이익

E(a_1) : ₩30,000 × 0.4 + ₩62,000 × 0.6 = ₩49,200

E(a_2) : ₩25,000 × 0.4 + ₩40,000 × 0.6 = ₩49,200

(3) 최적대안 : 기대영업이익이 큰 A기계를 구입한다.

2. 예측오차의 원가

(1) 실제수요량이 1,300개인 경우

	이상적 의사결정하의 영업이익(a_1)	₩30,000
(−)	실제 의사결정하의 영업이익(a_1)	(30,000)
	예측오차의 원가	₩0

(2) 실제수요량이 2,100개인 경우

	이상적 의사결정하의 영업이익(a_2)	₩65,000
(−)	실제 의사결정하의 영업이익(a_1)	(62,000)
	예측오차의 원가	₩3,000

3. 완전정보의 기대가치(EVPI)

	완전정보하의 기대가치 : ₩30,000 × 0.4 + ₩65,000 × 0.6 =	₩51,000
(−)	기존정보하의 기대가치	(492,000)
	완전정보의 기대가치(EVPI)	₩1,800

(1) 결합확률과 사후적 확률의 계산

	결 합 확 률			사후적 확률	
	x_1 = 1,300개(0.4)	x_2 = 21,00개(0.6)	P(I_i)	x_1 = 1,300개	x_2 = 2,100개
I_1 : 1,300개 예측	0.7 × 0.4 = 0.28	0.2 × 0.6 = 0.12	0.4	0.28/0.4 = 0.7	0.12/0.4 = 0.3
I_2 : 2,100개 예측	0.3 × 0.4 = 0.12	0.8 × 0.6 = 0.48	0.6	0.12/0.6 = 0.2	0.48/0.6 = 0.8

(2) 불완전정보하의 기대가치

① I_1 = 1,300개 예측 : P(I_1) = 0.4

E(a_1) : ₩30,000 × 0.7 + ₩62,000 × 0.3 = ₩39,600

E(a_2) : ₩25,000 × 0.7 + ₩65,000 × 0.3 = ₩37,000

∴ a_1 선택

② I_2 = 2,100개 예측 : P(I_2) = 0.6

E(a_1) : ₩30,000 × 0.2 + ₩62,000 × 0.8 = ₩55,000

E(a_2) : ₩25,000 × 0.2 + ₩65,000 × 0.8 = ₩57,000

∴ a_2 선택

③ 불완전정보하의 기대가치 : 0.4 × ₩39,600 + 0.6 × ₩57,000 - ₩50,040

(3) 불안전정보의 기대가치(EVSI)

	불완전정보하의 기대가치	₩50,040
(-)	기존정보하의 기대가치	(49,200)
	불완전정보의 기대가치(EVSI)	₩840

Part 4

경영통제 및 성과평가

14 종합예산

(1) 의의

기업은 미래의 불확실성을 효과적으로 대처하기 위해 사전에 계획을 수립한다. 즉, 경영자는 기업의 장기적인 목표를 설정하고 이러한 목표를 효과적이며 효율적으로 달성할 수 광범위한 계획을 수립하는데 이러한 다양한 계획들을 전략적 계획(strategic planning)이라고 한다. 기업의 전략적 계획에는 판매계획, 제조계획, 투자계획 등이 포함되며 이러한 기업의 운영계획들을 화폐단위로 표시한 것을 예산(budget)이라고 한다. 특히, 기업의 각 부문들(예: 판매, 제조, 구매, 투자, 재무 등)의 유기적인 운영을 위해 구체적이고 종합적으로 세운 예산을 종합예산(master budget)이라고 한다. 종합예산은 아래 〈그림 14-1〉과 같이 판매예측을 시작으로 예산 재무제표(예산 손익계산서, 예산 현금흐름표, 예산 재무상태표)를 작성함으로써 종결된다. 종합예산의 흐름을 그림으로 나타내면 다음과 같다.

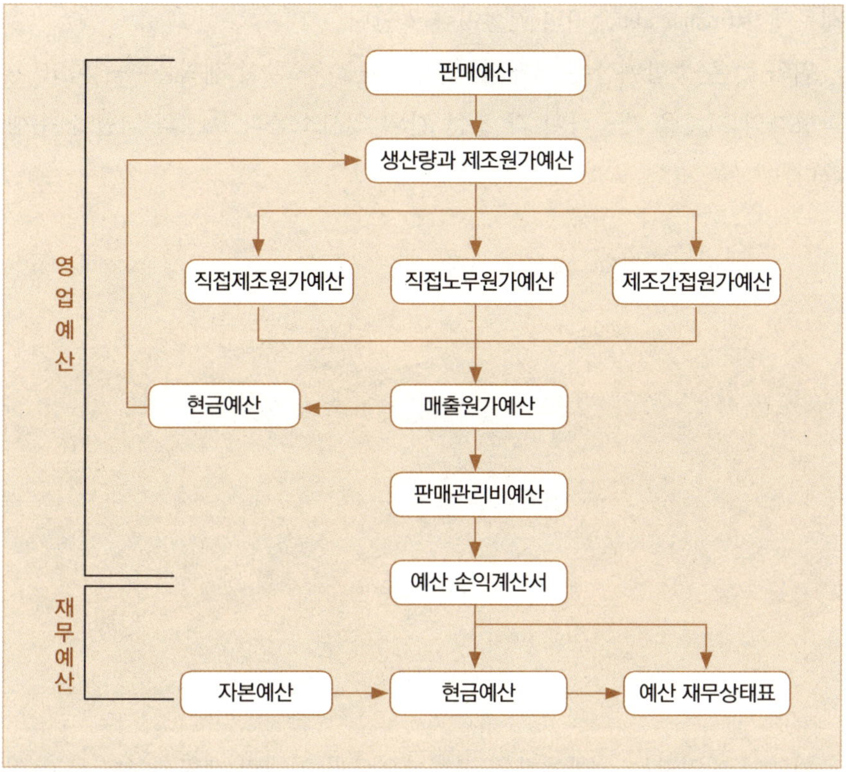

그림 14-1

종합예산의 흐름

종합예산의 첫 번째 단계는 미래의 제품판매량을 예측하여 판매예산을 수립하는 것부터 시작한다. 판매예산을 수립한 이후에 생산량을 고려하여 제조원가와 매출원가에 대한 예산을 편성한다. 제조원가예산에는 직접재료원가, 직접노무원가, 제조간접원가 등에 관한 예산이 포함된다. 또한 판매예산, 제조원가예산 및 매출원가예산을 이용하여 기말재고예산을 수립한다. 이러한 기말재고예산은 차기 생산량과 제조원가 예산에 영향을 미치게 된다. 제조예산과 매출원가예산을 수립한 이후에 판매예산을 기초로 판매관리비예산을 편성한다. 이렇게 편성된 판매예산, 매출원가예산 및 판매관리비예산을 바탕으로 예산 손익계산서를 작성한다. 위와 같은 과정을 영업예산(operating budget)의 편성이라고 한다.

한편, 기업은 장기적인 설비투자계획을 고려하여 자본예산을 편성하며, 매출대금의 회수, 매입대금의 지급 등을 고려하여 현금예산을 수립한 뒤 이를 종합적으로 반영한 예산 재무상태표를 작성한다. 위와 같은 과정을 재무예산(financial budget)의 편성이라고 한다.

위와 같은 종합예산은 아래의 〈그림 14-2〉와 같이 계획을 수립하고 성과평가의 기준을 제공하며 각 부문 간의 의사소통과 조정의 역할을 수행한다.

그림 14-2

종합예산의 유용성

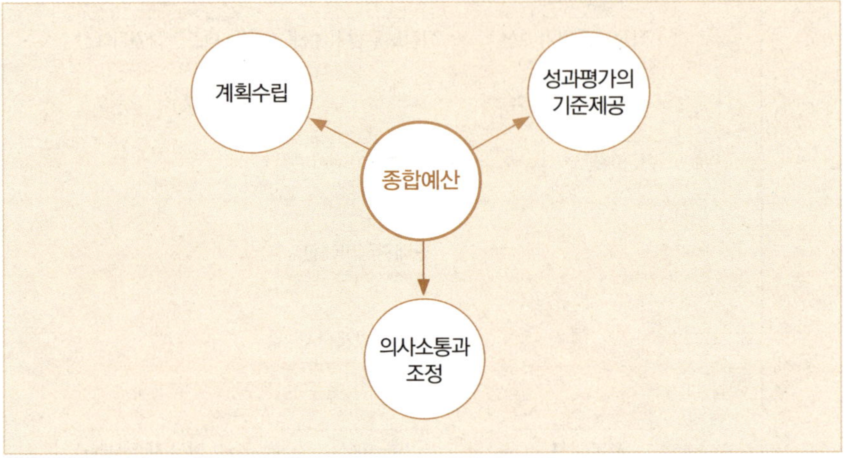

기업의 경영자는 종합예산을 편성함으로써 미래의 계획을 수립하고 미래에 발생 가능한 문제점을 사전에 파악하여 그 대응책을 강구할 수 있다. 또한 예산은 각 부문이 달성해야 할 목표이기 때문에 실제 수치와 비교함으로써 각 부문관리자의 경영성과를 평가하는 기준을 제공한다. 뿐만 아니라 종합예산은 기업의 각 부문들의 유기적인 운영을 위해 수립된 종합적이고 구체적인 예산이다. 따라서 종합예산을 수립하는 과정에서 각 부문의 의견들이 상호 전달되며 각 부문들의 활동들은 기업의 목표에 맞게 균형적으로 조정된다.

종합예산의 편성과정을 아래의 〈사례 14-1〉을 통해 살펴보고자 한다.

사례 14-1

자동차를 생산 · 판매하는 (주)명미는 20×1년 1월의 예산을 편성하고자 한다. 이에 필요한 자료는 다음과 같다.

1. 기초 재무상태표

(주) 명미 재무상태표 20×1년 1월 1일

현금	200,000	매입채무	300,000
매출채권	350,000	자본금	1,000,000
원재료: ₩20×1,800kg =	36,000	자본잉여금	200,000
제품: ₩200×800개 =	160,000	이익잉여금	446,000
기계장치	1,200,000		
	1,946,000		1,946,000

2. 제품의 판매가격은 단위당 ₩400이며, 예상판매량은 1월에 4,000개, 2월에 5,000개, 3월에 3,000개이다.
3. 제품의 월말 재고량은 다음 달 예상 판매량의 20% 수준을 유지하도록 한다. 한편 제품 단위당 변동제조원가는 다음과 같다.

① 변동제조원가

구 분	금 액
직접재료원가: ₩20 × 2kg =	₩40
직접노무원가: ₩60 × 1시간 =	60
변동 제조간접원가: ₩40 × 1시간 =	40
계	₩140

② 1월에 예상되는 고정 제조간접원가는 감가상각비 ₩10,000을 포함한 ₩42,000이다.

4. 원재료의 월말 재고량은 다음 달 제품 생산에 필요한 수량의 40%를 유지하도록 한다. 또한 월초 및 월말재공품은 없는 것으로 가정한다.
5. 변동 판매관리비는 단위당 ₩20이며, 1월에 예상되는 고정 판매관리비는 감가상각비 ₩10,000을 포함한 ₩40,000이다.
6. 모든 매출과 매입은 외상으로 이루어진다. 또한 외상매출금과 매입금은 판매 (또는 매입) 한 달에 70%, 다음 달에 30%가 회수 (또는 지급)된다.
7. 원재료 매입액과 감가상각비를 제외한 모든 비용은 발생한 달에 전액 지급된다.

(2) 영업예산

① 판매예산

영업예산 편성과정의 첫 번째 단계는 일정 기간의 예산 매출액을 파악하기 위하여 예상 판매량과 판매가격을 결정하는 것이다. 생산량과 제조원가 예산, 매출원가예산, 판매관리비예산 등 영업예산의 대부분은 예상 판매량을 기준으로 수립되므로 경영자는 판매예산을 편성하는 데 많은 시간과 노력을 투입하게 된다. 경영자는 예상 판매량과 판매가격을 결정하기 위해서 과거의 실제 판매량, 시장의 경제상황(예: GDP, 이자율, 실업률, 물가상승률 등), 기업의 시장 점유율, 제품의 판매가격 정책과 판매추세 등 다양한 요소들을 고려한다. 위의 〈사례 14-1〉에서 1월의 판매예산은 다음과 같다.

판매예산

예상 판매량	4,000개
단위당 판매가격	× @400
예산 매출액	₩1,600,000

(주)명미의 1월의 예상 판매량은 4,000개이며 단위당 판매가격은 ₩400이므로 1월의 예산 매출액은 ₩1,600,000이 된다.

② 생산량과 제조원가 예산

판매예산이 수립되고 나면 이를 바탕으로 생산량 등을 포함한 생산계획을 수립해야 한다. 즉, 예상 판매량과 제품의 재고수준을 고려하여 생산해야 할 제품의 수량을 결정해야 한다. 이와 같이 생산할 제품의 수량을 계획하는 것을 생산량예산(production budget)이라고 한다. 일정기간의 목표생산량은 아래와 같이 일정기간의 예상판매량에서 기업이 재고정책에 따라 유지해야 할 기말 제품재고량을 가산하고 기초 제품재고량을 차감하여 계산한다.

목표 생산량 = 예상 판매량 + 기말 제품재고량 − 기초 제품재고량

위의 〈사례 14-1〉에서 1월과 2월의 생산량예산을 수립하면 다음과 같다.

생산량 예산

구 분	1월	2월
예상 판매량	4,000개	5,000개
월말 제품 재고량	1,000*	600*
월초 제품 재고량	(800)	(1,000)
목표 생산량	4,200개	4,600개

* 다음 달 예상판매량의 20%

〈사례 14-1〉에서 월말 제품 재고량은 다음 달 예상 판매량을 이용하여 도출하였다. 즉, 월말 재고량은 다음 달 예상 판매량의 20%을 유지하도록 기업의 재고자산정책이 있기 때문에 1월말 제품 재고량은 1,000개(5,000개 ×20%)이고 2월말 제품 재고량은 600개(3,000개×20%)이다. 따라서 (주)명미의 1월과 2월의 목표 생산량은 각각 4,200개와 4,600개가 된다.

목표 생산량이 결정되면 목표 생산량을 생산하기 위한 제조원가 예산이 편성되어야 한다. 제조원가는 직접재료원가, 직접노무원가 및 제조간접원가로 구성되어 있으므로 각각에 대하여 예산을 수립하면 된다.

a. 직접재료원가 예산

직접재료원가 예산(direct material budget)은 제품의 목표 생산량을 달성하기 위하여 투입해야 할 직접재료원가에 대한 예산으로 목표 생산량에 제품 단위당 직접재료원가를 곱하여 산정한다.

직접재료원가 예산 = 목표 생산량 × 제품 단위당 직접재료원가

위의 〈사례 14-1〉에서 1월의 직접재료원가 예산은 ₩168,000(4,200개×₩40)이다. 이 때 직접재료원가 예산과 관련하여 원재료 구입예산을 추가적으로 분석해야 한다. 원재료 구입예산(material purchase budget)은 기업이 목표 생산량을 달성하기 위해 구입해야 할 원재료의 구입량과 구입단가를 결정하는 예산이다. 즉, 아래와 같이 투입해야 할 예상 원재료 투입량과 기업의 재고정책에 따라 유지해야 할 기말 원재료의 재고량을 가산하고 기초 원재료의 재고량을 차감하여 목표 원재료 구입량을 결정한다. 여기에서 원재료 단위당 구입가격을 곱하여 원재료 구입예산을 산정한다.

$$원재료\ 구입예산 = 목표\ 원재료\ 구입량 \times 원재료\ 구입가격$$
$$= \left(\begin{matrix}예상\ 원재료\\투입량\end{matrix} + \begin{matrix}기말\ 원재료\\재고량\end{matrix} - \begin{matrix}기초\ 원재료\\재고량\end{matrix} \right) \times 원재료\ 구입가격$$

위의 〈사례 14-1〉에서 1월의 원재료 구입예산을 수립하면 다음과 같다.

원재료 구입예산

예상 원재료 투입량: 4,200개×2kg=	8,400kg
월말 원재료 재고량: 4,600개×2kg×40%=	3,680
월초 원재료 재고량	(1,800)
목표 원재료 구입량	10,280kg
원재료 단위당 구입가격	×₩20
원재료 구입예산	₩205,600

〈사례 14-1〉에서 월말 원재료 재고량은 다음 달 예상 원재료 투입량을 이용하여 도출하였다. 즉, 월말 재고량은 다음 달 예상 원재료 투입량의 40%를 유지하는 기업의 재고자산정책에 따라 1월말 원재료 재고량은 3,680kg(4,600개×2kg×40%)이다. 한편, 월초 원재료 재고량은 재무상태표에 1,800kg으로 표시되어 있기 때문에 위의 수치를 사용했으며 (주)명미의 1월 목표 원재료 구입량은 10,280kg(8,400kg+3,680kg−1,800kg)이 된다. 목표

원재료 구입량에 원재료 단위당 구입가격인 ₩20을 곱하여 1월의 원재료 구입예산 ₩205,600(10,280kg×₩20)을 산정한다.

b. 직접노무원가 예산

직접노무원가 예산(direct labor budget)은 제품의 목표 생산량을 달성하기 위해 제조과정에 투입해야 할 직접노무원가에 대한 예산을 말한다. 직접노무원가 예산은 아래와 같이 제품의 목표 생산량에 제품 단위당 직접노무원가를 곱하여 산정한다.

직접노무원가 예산 = 목표 생산량 × 제품 단위당 직접노무원가

위의 〈사례 14-1〉에서 1월의 직접노무원가 예산은 ₩252,000(4,200개×₩60)이다. 경영자가 위와 같이 직접노무원가에 대한 예산을 편성하면 미래에 목표 생산량을 달성하기 위해 필요한 노동력을 예상할 수 있고, 이러한 경영자의 예상에 따라 노동력의 수급계획(예: 고용 또는 해고 등)을 수립할 수 있다.

c. 제조간접원가 예산

제조간접원가 예산(factory overhead budget)은 경영자가 목표 생산량을 달성하기 위해 투입되는 제조간접원가에 대한 예산을 말한다. 제조간접원가는 조업도(예: 생산량 등)에 따라 변동하는 변동 제조간접원가와 조업도와 무관하게 일정하게 발생하는 고정 제조간접원가로 구분될 수 있다. 따라서 아래와 같이 제조간접원가 예산은 기업의 목표 생산량에 제품 단위당 변동제조간접원가를 곱하여 변동 제조간접원가 예산을 편성하고 이에 고정 제조간접원가 예산을 가산하여 총제조간접원가 예산을 수립한다.

제조간접원가 예산 = 목표 생산량 × 제품 단위당 변동 제조간접원가 + 고정 제조간접원가

위의 〈사례 14-1〉에서 1월의 제조간접원가 예산을 수립하면 다음과 같다.

제조간접원가 예산

목표 생산량	4,200개
단위당 변동 제조간접원가	×₩40
변동 제조간접원가 예산	₩168,000
고정 제조간접원가 예산	42,000
총 제조간접원가 예산	₩210,000

위의 〈사례 14-1〉에서 1월의 변동 제조간접원가 예산은 ₩168,000(4,200개×₩40)이다. 여기에 고정 제조간접원가 예산 ₩42,000(감가상각비 ₩10,000+기타 ₩32,000)을 가산하여 1월의 제조간접원가 예산 ₩210,000을 편성한다.

③ 매출원가와 기말재고 예산

매출원가예산(cost of good sold budget)은 예산 설정기간의 판매량 제품에 대한 원가를 산정하는 것으로 아래과 같이 기초 제품 재고액에서 당기 제품제조원가를 가산하고 기말재고 예산에서 도출한 기말 제품 재고액을 차감하여 산정한다.

매출원가 예산 = 기초 제품 재고액 + 당기 제품 재조원가 − 기말 제품 재고액

위의 〈사례 14-1〉에서 1월의 매출원가 예산을 수립하면 다음과 같다. 단, 재고자산의 물량흐름은 선입선출법으로 가정한다.

매출원가 예산

월초 제품 재고액: 800개×₩200 =	₩160,000
당월 제품 제조원가	630,000
직접 재료원가 예산: 4,200개×₩40 = ₩168,000	
직접 노무원가 예산: 4,200개×₩60 = 252,000	
제조 간접원가 예산: 4,200개×₩40 + ₩42,000 = ₩210,000	
월말 제품 재고액: 1,000개×₩150*	(150,000)
매출원가 예산 (4,000개)	₩640,000

* 단위당 제조원가 = ₩630,000÷4,200개 = ₩150

위의 〈사례 14-1〉에서 1월에 생산될 제품 4,200개의 예상 제조원가는 직접 재료원가 ₩168,000, 직접 노무원가 ₩252,000 및 제조 간접원가 ₩210,000를 합한 ₩630,000이 된다. 또한 1월에 제품을 4,200개를 생산했기 때문에 1월 제품의 단위당 제조원가는 ₩150(₩630,000÷4,200개)이 된다. 1월의 매출원가 예산은 재무상태표에 표시되어 있는 월초 제품 재고액 ₩160,000(800개×₩200)에 당월 제품 제조원가 ₩630,000(₩168,000+₩252,000+₩210,000)을 가산하고 기말재고 예산에서 도출한 월말 제품 재고액(1,000개×₩150)을 차감한 ₩640,000으로 산정된다.

④ 판매관리비 예산

판매관리비 예산(selling and administrative expense budget)은 일정기간 동안 판매와 관리활동으로 발생할 것으로 예상되는 비용에 대한 예산으로 판매예산을 바탕으로 편성된다. 판매관리비 예산도 제조간접원가 예산과 유사하게 조업도(예: 판매량 등)에 따라 변동 판매관리비와 고정 판매관리비로 구분하여 작성한다. 따라서 아래와 같이 기업의 목표 판매량에 제품 단위당 변동판매관리비를 곱하여 변동 판매관리비 예산을 편성하고 이에 고정 판매관리비 예산을 가산하여 총판매관리비 예산을 수립한다.

$$\text{판매관리비 예산} = \frac{\text{목표}}{\text{판매량}} \times \frac{\text{제품 단위당}}{\text{변동 판매관리비}} + \frac{\text{고정}}{\text{판매관리비}}$$

위의 〈사례 14-1〉에서 1월의 판매관리비 예산을 수립하면 다음과 같다.

판매관리비 예산

목표 판매량	4,000개
단위당 변동 판매관리비	×₩20
변동 판매관리비 예산	₩80,000
고정 판매관리비 예산	+40,000
총 판매관리비 예산	₩120,000

위의 〈사례 14-1〉에서 1월의 변동 판매관리비 예산은 ₩80,000 (4,000개×₩20)이다. 여기에 고정 판매관리비 예산 ₩40,000 (감가상각비 ₩10,000+기타 ₩30,000)을 가산하여 1월의 판매관리비 예산 ₩120,000을 편성한다.

⑤ 예산 손익계산서

예산 손익계산서(bugeted income statement)는 판매예산, 매출원가예산, 판매관리비예산 등을 바탕으로 영업이익에 대한 정보를 보여 주는 보고서로서 예산이 편성된 기간의 경영성과를 나타낸다. 위의 〈사례 14-1〉에서 1월의 예산 손익계산서를 작성하면 다음과 같다.

예산 손익계산서

예산 매출액	₩1,600,000
예산 매출원가	(640,000)
예산 매출총이익	₩960,000
예산 판매관리비	(120,000)
예산 영업이익	₩840,000

위의 〈사례 14-1〉에서 1월의 예산 매출총이익은 예산 매출액 ₩1,600,000에서 예산 매출원가는 ₩640,000을 차감한 ₩960,000으로 산정된다. 여기에서 예산 판매관리비 ₩120,000을 차감하여 예산 영업이익 ₩840,000을 산출한다.

(3) 재무예산

① 자본예산

자본예산(capital budget)은 토지, 건물, 기계장치 등의 유형자산에 대한 투자의 경제성을 분석하기 위한 일련의 체계적인 과정을 말한다. 즉, 자본예산은 다양한 투자안의 투자가치를 평가하여 최적의 투자안을 결정하는 과정이라고 볼 수 있다. 투자안의 경제성을 분석하는 방법은 아래의 〈그림 14-3〉과 같이 화폐의 시간가치를 고려하는 순현재가치법과 내부수익률법이 있으며 화폐의 시간가치를 고려하지 않는 회수기간법과 회계이익률법이 있다.

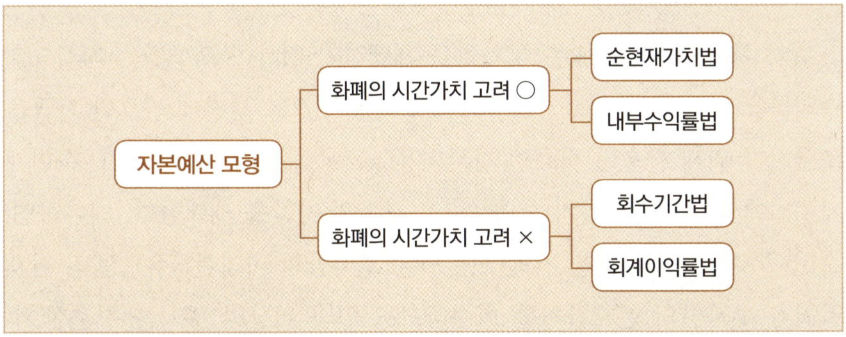

그림 14-3
자본예산 모형

자본예산 모형에 따라 투자안의 경제성을 분석하는 과정을 다음의 〈사례 14-2〉를 통해 살펴보고자 한다.

자동차를 생산 · 판매하는 (주)명미는 20×1년 1월에 ₩1,000,000의 새로운 기계장치를 구입하려고 한다. 이 기계장치의 내용연수는 5년이고 잔존가치는 없다. 또한 이 기계장치에 투자하면 매년 ₩400,000의 순현금유입이 있을 것으로 예상된다.

a. 순현재가치법

순현재가치법(net present value method: NPV method)은 순현재가치에 따라 투자안의 경제성을 분석하는 모형이다. 즉, 투자안으로부터 창출되는 현금유입액의 현재가치에서 지출되는 현금유출액의 현재가치를 차감하여 투자안의 경제성을 분석하는 것으로 다음의 계산식에 의해 산출할 수 있다.

$$\text{순현재가치 (NPV)} = \sum_{t-1}^{n} \frac{cash\ flow_t}{(1+k)^t} - cash\ flow_0 \quad \text{(단, k=할인율)}$$

위의 식에서 할인율 k는 투자안을 채택하기 위하여 요구되는 최저요수수익률(minimum required rate of return)로 일반적으로 투자에 필요한 자금을 조달하기 위해 사용된 비용인 자본비용(cost of capital)을 의미한다. 순현재가치법에서는 순현재가치가 양 (+)인 경우 투자안을 채택한다. 왜냐하면, 순현재가치가 양의 값을 가진다는 것은 투자안의 미래현금유입액의 현재가치가 투자안의 현재가치를 회수하고도 일정 이상의 수익을 창출할 수 있다는 것을 의미하기 때문이다.

위의 〈사례 14-2〉에서 (주)명미의 최저요구수익률이 10%라면, 기계장치에 대한 순현재가치는 아래와 같이 ₩516,316(₩400,000×3.79079-₩1,000,000)이 된다. 따라서 (주)명미가 기계장치에 대한 투자안을 순현재가치법에 따라 평가할 때 위의 기계장치를 구입할 것이다. 왜냐하면, 기계장치의 순현재가치가 양의 값을 가지기 때문이다.

$$순현재가치\ (NPV) = \frac{400,000}{(1+0.1)} + \frac{400,000}{(1+0.1)^2} + \frac{400,000}{(1+0.1)^3} + \frac{400,000}{(1+0.1)^4} + \frac{400,000}{(1+0.1)^5} - 1,000,000$$

$$= ₩400,000 \times 3.79079 - ₩1,000,000 = ₩516,316$$

위와 같은 순현재가치법은 화폐의 시간가치와 수익성을 고려하며 계산이 간단하다는 장점을 지니고 있다. 또한 투자안의 할인율이 변동하는 경우에도 사용할 수 있으며 계산의 결과가 금액으로 도출되기 때문에 기업가치에 미치는 영향을 직접적으로 분석할 수 있는 유용성을 지니고 있다.

b. **내부수익률법**

내부수익률법(internal rate of return method: IRR)은 내부수익률에 의하여 투자안을 평가하는 방법이다. 내부수익률이란 투자안으로부터 예상되는 미래현금유입액의 현재가치와 투자안의 현재가치를 일치시켜 주는 할인율을 말한다. 즉, 아래와 같이 내부수익률은 투자안의 순현재가치를 ₩0으로 만들어주는 할인율을 말한다.

$$\sum_{t=1}^{n} \frac{cash\ flow_t}{(1+IRR)^t} - cash\ flow_0$$

위의 〈사례 14-2〉에서 기계장치에 대한 내부수익률은 아래와 같이 28.65%로 계산된다.

$$\frac{400,000}{(1+IRR)} + \frac{400,000}{(1+IRR)^2} + \frac{400,000}{(1+IRR)^3} + \frac{400,000}{(1+IRR)^4} + \frac{400,000}{(1+IRR)^5} = 1,000,000$$

$\therefore$ IRR = 28.65%

따라서 기업이 투자안의 순현재가치를 구하기 위해 사용되는 할인율이 내부수익률 보다 큰 경우에는 순현재가치는 음(-)이 되어 투자의 경제성이 없는 반면에 내부수익률이 할인율보다 큰 경우에는 순현재가치가 양(+)이 되어 투자의 경제성이 있게 된다. 즉, 아래와 같이 내부수익률이 할인율보다 크면 투자안을 채택하고 반대인 경우에는 투자안을 기각하게 된다.

할인율 < 내부수익률 ↔ 투자안의 순현재가치 > 0 → 투자안 채택
할인율 > 내부수익률 ↔ 투자안의 순현재가치 < 0 → 투자안 기각

위의 〈사례 14-2〉에서는 기계장치에 대한 내부수익률 28.65%가 기업의 할인율 10% 보다 크므로 경영자는 기계장치에 대한 투자안을 채택한다.

위와 같은 내부수익률법은 화폐의 시간가치와 투자안의 수익성을 고려한다는 장점이 있다. 반면, 내부수익률을 구하기 어렵고 투자안의 현금유입액을 투자기간동안 내부수익률로 재투자한다는 지나치게 낙관적인 가정에 근거하고 있다는 문제점도 존재한다.

c. 회수기간법

회수기간법(payback period method)은 투자안의 회수기간에 따라 투자안의 경제성을 평가하는 방법이다. 여기에서 회수기간이란 기업의 영업활동으로 인하여 유입된 순현금흐름을 이용하여 지출된 투자액을 회수하는데 걸리는 기간을 의미한다. 즉, 매년 순현금유입액이 일정하다면 회수기간은 다음과 같이 지출된 투자액을 연간 순현금유입액으로 나누어 산정한다.

$$\text{회수기간} = \frac{\text{지출된 투자액}}{\text{연간순현금유입액}}$$

위의 〈사례 14-2〉에서는 기계장치에 대한 회수기간은 2.5년(₩1,000,000 ÷ ₩400,000)일 것이다. 회수기간법은 지출된 투자액을 보다 신속히 회수할

수 있는 투자안을 선택할 때 고려할 수 있는 방법이다. 즉, 경영자는 아래와 같이 사전에 최대 허용회수기간을 설정하고 각 투자안별로 회수기간과 최대 허용회수기간을 비교한다. 비교결과 투자안의 회수기간이 최대 허용회수기간보다 적으면 투자안을 채택하고 반대인 경우에는 투자안을 기각한다.

투자안의 회수기간 < 최대 허용회수기간 → 투자안 채택
투자안의 회수기간 > 최대 허용회수기간 → 투자안 기각

위의 〈사례 14-2〉에서 (주)명미의 최대 허용회수기간이 3년이라면, 기계장치에 대한 회수기간 2.5년이 최대 허용회수기간보다 적기 때문에 경영자는 투자안을 채택할 것이다. 이러한 회수기간법은 화폐의 시간가치를 고려하지 않고 회수기간 이후의 현금흐름을 고려하지 않는다는 문제점이 있다.

d. 회계이익률법

회계이익률법(accounting rate of return method: ARR method)은 회계이익에 근거하여 투자안을 평가하는 방법이다. 즉, 아래와 같이 연평균순이익을 최초 투자액(또는 평균 투자액)으로 나누어 회계이익률을 산정하고 이를 경영자가 사전에 설정한 목표이익률과 비교하는 방법이다.

$$\text{회계이익률} = \frac{\text{연평균순이익}}{\text{최초(또는 평균)투자액}} = \frac{\text{연평균순현금흐름} - \text{연평균감가상각비}}{\text{최초(또는 평균)투자액}}$$

예를 들면, 위의 〈사례 14-2〉에서 (주)명미가 투자한 기계장치의 회계이익률을 최초 투자액을 기준으로 계산하면 20%{(₩400,000-₩200,000)÷₩1,000,000}가 된다. 회계이익률법은 투자수익률(return on investment: ROI)에 근거하여 투자안의 성과를 평가하는 방법으로 경영자는 사전에 목표이익률을 설정하고 각 투자안별로 회계이익률과 목표이익률을 비교한다.

즉, 아래와 같이 투자안의 회계이익률이 목표이익률보다 크면 투자안을 채택하고 반대인 경우에는 투자안을 기각한다.

투자안의 회계이익률 > 목표이익률 → 투자안 채택
투자안의 회계이익률 < 목표이익률 → 투자안 기각

위의 〈사례 14-2〉에서 (주)명미의 목표이익률이 15%라면, 기계장치에 대한 회계이익률 20%가 목표이익률 15%보다 크기 때문에 경영자는 투자안을 채택할 것이다. 이러한 회계이익률법은 이해하기 쉽고 계산이 간단하며 투자안의 수익성을 고려한다는 장점을 지니고 있으나 발생기준 이익으로 인한 측정상의 오류와 화폐의 시간가치를 고려하지 않는다는 문제점도 동시에 존재한다.

② 현금 예산

현금 예산(cash budget)이란 영업예산과 자본예산을 기초로 작성된 현금의 유입과 유출에 관한 예산을 말한다. 기업의 경영자는 경영활동으로 인한 현금의 유입과 유출에 대한 계획을 사전에 설정하고 통제해야 한다. 즉, 경영자는 현금의 부족이 예상되면 자금조달계획을 수립해야 하며 현금의 과잉이 예상되는 경우에는 잉여 현금에 대한 투자계획을 수립해야 한다. 따라서 경영자는 기초 현금잔액에서 당기 현금유입액을 가산하고 현금유출액을 차감하여 기말 현금잔액을 산정한다.

기말 현금잔액 = 기초 현금잔액 + 당기 현금 유입액 − 당기 현금 유출액

위의 식에서 현금은 매출, 매출채권 회수, 금융수익(예: 이자수익, 배당금수익 등), 차입금 조달, 주식발행, 생산설비 처분 등에 의해 유입되고 매입, 매입채무 지급, 판매관리비 지급, 차입금 상환, 배당금 지급, 생산설비 투자 등에 의해 유출된다. 이러한 현금 예산은 길게는 1년, 짧게는 월별 또는 분기별로 작성하게 된다.

위의 〈사례 14-1〉에서 1월의 현금 예산을 수립하면 다음과 같다. 단, (주)명미의 1월 자본예산에는 기계장치 ₩100,000에 대한 투자가 포함되어 있다.

현금 예산

월초 현금잔액		₩200,000
현금 유입액		1,470,000
매출채권 회수액: ₩350,000 +₩1,600,000×70% = ₩1,470,000		
현금 유출액		(1,105,920)
매입채무 지급액: ₩300,000 +₩205,600×70% =	₩443,920	
직접노무원가 지급액: 4,200개×₩60 =	252,000	
제조간접원가 지급액: 4,200개×₩40+₩42,000−₩10,000 =	200,000	
판매관리비 지급액: 4,000개×₩20+₩40,000−₩10,000 =	110,000	
기계장치 구입액:	100,000	
월말 현금잔액		₩564,080

위의 〈사례 14-1〉에서 현금 유입액은 월초 매출채권 회수액 ₩350,000과 1월 발생할 것으로 예상되는 매출채권의 회수액 ₩1,120,000 (₩1,600,000×70%)의 합인 ₩1,470,000으로 구성되어 있다. 한편, 현금 유출액은 매입채무 지급액, 직접노무원가 지급액, 제조간접원가 지급액, 판매관리비 지급액 및 기계장치 구입액 등으로 구성된다. 우선, 매입채무 지급액은 월초 매입채무 지급액 ₩300,000과 1월 발생한 원재료에 대한 매입채무 지급액 ₩143,920(₩205,600×70%)의 합인 ₩443,920이다. 또한 직접노무원가에 대한 지급액은 1월에 생산된 제품에 투입된 노동력에 대한 급여 ₩252,000(4,200개×₩60)이 있다. 한편, 제조간접원가에 대한 지급액은 1월에 생산된 제품과 관련된 변동 제조간접원가 ₩168,000(4,200개×₩40)과 감가상각비를 제외한 고정제조간접원가 ₩32,000(₩42,000−₩10,000)의 합인 ₩200,000이 있다. 마지막으로 판매관리비에 대한 지급액은 1월에 판매된 제품과 관련된 변동 판매관리비 ₩80,000(4,000개×₩20)과 감

가상각비를 제외한 고정 판매관리비 ₩30,000(₩40,000-₩10,000)의 합인 ₩110,000과 자본예산에서 도출된 기계장치 구입액 ₩100,000이 있다.

따라서 월말 현금잔액은 기초 현금잔액 ₩200,000에서 당월 현금 유입액 ₩1,470,000을 가산하고 현금 유출액 ₩1,105,920을 차감한 ₩564,080이 된다.

③ 예산 재무상태표

예산 재무상태표는 예산기간 말 현재의 재무상태를 나타낸 표이다. 이는 기초시점의 재무상태에서 영업예산(판매예산, 제조원가예산, 매출원가예산, 판매관리비예산 등)과 재무예산(자본예산, 현금예산 등)을 반영하여 작성된다. 위의 〈사례 14-1〉에서 1월말의 예산 재무제표를 작성하면 다음과 같다.

(주) 명미 재무상태표 20×1년 1월 31일

현금	₩564,080	매입채무	₩61,680
매출채권	480,000	자본금	1,000,000
원재료: @20×3,680kg =	73,600	자본잉여금	200,000
제품: @150×1,000개 =	150,000	이익잉여금	1,286,000
기계장치	1,300,000	(당기순이익:₩840,000)	
감가상각누계액	(20,000)		
	₩2,547,680		₩2,547,680

위의 표에서 현금 ₩564,080은 현금예산의 월말 현금잔액이며 매출채권 ₩480,000은 1월의 예산 매출 중 현금으로 회수되지 못한 금액(₩1,600,000×30%)으로 구성된다. 원재료 ₩73,600과 제품 ₩150,000은 기업의 재고정책에 의해 각각 원재료 구입예산과 기말재고예산에 포함되어 있는 월말 원재료 ₩73,600(₩20×4,600개×2kg×40%)와 제품(₩150×1,000개)이다. 기계장치는 월초의 기계장치 ₩1,200,000에 1월 자본예산에 포함된 기계장치 구입액 ₩100,000의 합인 ₩1,300,000으로 구성되어 있다. 또한 감가상각누계액 ₩20,000은 1월에 발생할 고정 제조간접원가 ₩10,000과 고정 판매관리비 ₩10,000의 합이다. 매입채무

₩61,680은 1월의 원재료 구입예산 중 현금으로 지급하지 못한 금액인 ₩61,680(10,280kg × ₩20 × 30%)이다. 마지막으로 이익잉여금은 월초 이익잉여금 ₩446,000에서 예산 손익계산서상 당기순이익 ₩840,000을 가산한 ₩1,286,000이 된다.

15 책임회계와 성과평가

(1) 의의

경영자가 각 부문(예: 제조부문, 판매부문, 사업부문 등) 별로 예산을 설정하는 목적 중의 하나는 각 부문의 성과를 평가하기 위한 기준을 마련하기 위함이다. 즉, 경영자는 각 부문에 대해서 사전에 설정한 예산과 실제의 경영성과를 비교하여 성과에 따른 적절한 보상을 행하며 이에 따라 미래에 필요한 계획을 수립할 것이다. 따라서 대부분의 기업들은 각 부문의 구성원들에게 각 부문에 배정된 예산을 기준으로 실제성과에 발생할 수 있는 비능률을 제거하고 원가절감을 통한 수익성의 향상을 요구하고 있다. 이를 위해서는 각 부문의 관리자가 원가절감을 위해 직접적으로 각 부문을 관리하고 통제할 수 있는 책임의 단위가 필요한데 이러한 책임의 단위를 '책임중심점(responsibility center)'이라고 한다.

기업 내의 책임중심점은 크게 제조부문, 판매부문, 사업부문 등으로 구분될 수 있으며 기업의 경제적 자원을 효율적으로 사용하기 위해서는 각 책임중심점별로 달성 목표를 설정하고 경영성과를 집계 · 분석하여 책임중심점의 관리자에 성과평가를 행하려는 회계제도를 책임회계(responsibility accounting)라고 한다. 즉, 책임회계는 아래의 〈그림 15-1〉과 같이 각 부문의 달성목표를 구체화한 예산을 수립하고 설정된 각 책임중심점별로 경영성과를 집계하고 분석하여 실제 경영성과를 예산과 비교하여 각 책임중심점의 관리자에게 성과에 따른 적절한 보상을 통해 미래의 부문별 계획수립에 도움을 주고자 하는 것이다.

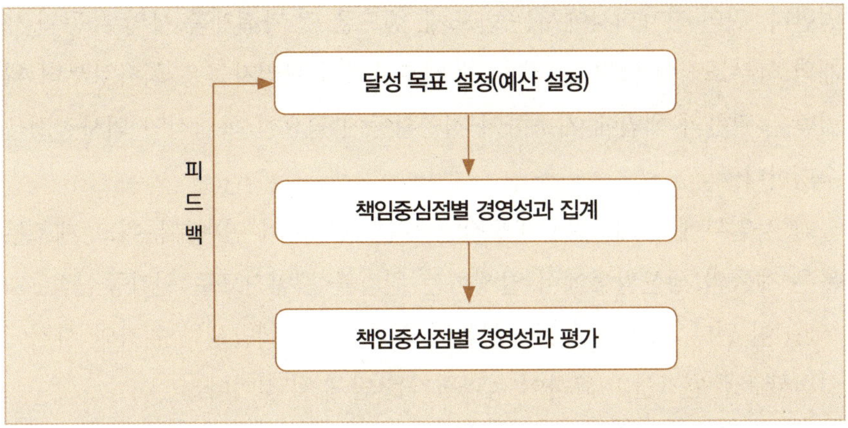

그림 15-1
책임회계시스템

(2) 책임중심점

책임회계에서 각 부문의 성과평가는 각 부문의 관리자가 직접적으로 통제하고 권한을 행사할 수 있는 책임중심점별로 이루어진다. 책임중심점은 아래의 〈그림 15-2〉와 같이 기업이 처한 환경에 따라 다양할 수 있는데 기업의 조직구조에 따라 제조부문, 판매부문 및 사업부문으로 구분되며 관리자가 부담하는 책임의 성격에 따라 원가중심점, 이익중심점 및 투자중심점으로 나뉠 수 있다.

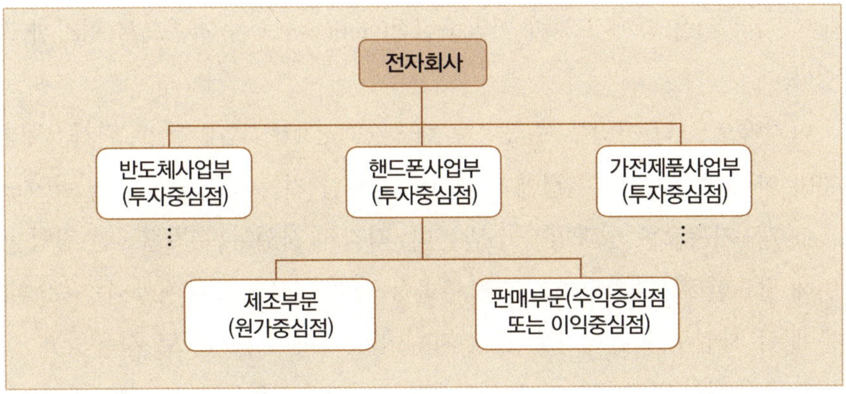

그림 15-2
책임중심점의 종류

위의 그림은 전자회사의 조직구조와 책임중심점을 나타낸 것이다. 대부분의 기업들은 규모의 확대에 따른 비효율을 제거하기 위해 기업의 조직을 여러 개의 하부조직으로 세분화하고 각 하부조직에 권한과 책임을 위임한다. 위의 전자회사에서는 반도체, 핸드폰 및 가전제품 사업부 등의 세 개의 하부조직이 있다. 이러한 각 하부조직의 관리자들은 회사로부터 위임받은 권한과 책임에 기초하여 경영활동에 필요한 독립적인 의사결정을 수행한다.

각 사업부에 속해 있는 대표적인 부문은 제조와 판매부문이고 제조부문은 제품의 생산활동에서 발생하는 원가를 책임지므로 원가중심점(cost center)이 된다. 따라서 원가중심점의 관리자는 실제발생한 원가와 사전에 설정한 표준원가를 비교하여 성과평가를 받게 될 것이다.

다음으로 판매부문은 제품의 판매활동을 수행하는 기업의 조직으로 수익중심점(revenue center)이 된다. 즉, 판매부문의 관리자는 사전에 설정한 예산 매출액과 실제로 달성한 매출액을 비교하여 성과를 평가받을 것이다. 그런데 판매부문의 성과를 단순히 매출액을 기준으로 평가한다면 부문의 성과가 그릇되게 평가될 수 있다. 왜냐하면, 판매부문의 성과를 단순히 매출액을 기준으로 평가한다면 판매부문의 관리자는 매출의 증대를 위해 과도한 판촉활동, 불필요한 광고, 제품의 저가 판매 등과 같은 잘못된 판단을 내릴 가능성이 있기 때문이다. 따라서 대부분의 기업들은 판매부문의 성과를 수익뿐만 아니라 이와 관련된 비용(예: 판매수수료, 광고선전비, 대손상각비 등)을 함께 고려한 이익중심점(profit center)을 기준으로 평가하고 있다.

마지막으로 각 사업부(예: 반도체, 핸드폰, 가전제품 사업부 등)는 원가, 수익뿐만 아니라 투자의사결정에 대해서도 책임을 지는 투자중심점(investment center)을 기준으로 성과평가를 받는다. 각각의 사업부는 독립적인 경영을 위해 필요한 활동들(예: 제조, 판매, 관리 등)을 자체적으로 수행할 수 있기 때문에 각 사업부가 관리하고 있는 자원이 얼마나 효율적으로 사용되고 있는지에 대해서 평가를 받게 된다. 따라서 투자중심점은 원가, 수익뿐만 아니라 각 사업부가 투자한 자원에 대해서도 책임을 지기 때문에 가장 포괄적이고 광범위한 책임중심점이라고 볼 수 있다.

(3) 제조부문의 성과평가

제조부문은 원가중심점을 기준으로 성과를 평가 받는다. 즉, 사전에 설정된 표준원가를 기초로 예산을 편성하고 이를 기준으로 실제 결과와 비교한다. 여기에서 표준원가(standard costing)는 모든 원가요소(예: 직접재료원가, 직접노무원가, 변동 제조간접원가, 고정 제조간접원가 등)에 대해 과학적 방법을 사용하여 측정한 현재의 경영 상황에서 달성 가능한 원가를 말한다. 표준원가를 사용하는 경우 제조원가의 계산이 신속해지며 조업도(예: 생산량 등)에 따라 제조원가가 변동하지 않는다는 장점이 있다. 이와 같이 표준원가는 실제원가가 가지는 문제점을 보완하고 원가 통제적 관점에서 유용한 정보를 제공한다. 다음의 〈사례 15-1〉을 통해 원가중심점을 이용한 경영자의 성과평가 절차를 살펴보고자 한다.

사례 15-1

전자제품을 생산·판매하는 (주)종현은 20×1년도에 표준원가계산제도를 채택하고 있으며, 직접노동시간을 기준으로 제조간접원가를 배부하고 있다. 아래는 이와 관련된 자료이다.

1. (주)종현은 단일 제품인 핸드폰을 생산하고 있는데, 제품 단위당 표준원가는 다음과 같다.

구 분	표준수량	표준가격	표준원가
직접재료원가	4kg	₩25/kg	₩100
직접노무원가	6시간	2/시간	12
변동 제조간접원가	6시간	4/시간	24
고정 제조간접원가	6시간	4.5/시간	27
단위당 표준원가			₩163

2. 회사의 연간 고정 제조간접원가 예산은 ₩180,000이고, 연간 40,000 직접노무시간의 기준조업도에 근거하여 직접 노무시간당 ₩4.5의 고정 제고간접원가 예정배부율을 적용하고 있다.

3. (주)종현은 20×1년 중 제품 5,000단위를 생산하였으며, 1년 동안 실제 발생한 제조원가는 다음과 같다.

구 분	실제 수량		실제 가격	실제 원가
직접재료원가	25,000kg	×	₩28/kg	₩700,000
직접노무원가	28,000시간	×	1/시간	28,000
변동 제조간접원가				110,000
고정 제조간접원가				170,000
계				₩1,008,000

3. (주)종현은 20×1년 중 제품 5,000단위를 생산하였으며, 1년 동안 실제 발생한 제조원가는 다음과 같다.

4. (주)종현의 판매예산 및 판매관리비의 예산상 제품 단위당 판매가격은 ₩1,000이다. 한편, 변동 판매관리비와 고정 판매관리비는 각각 ₩64과 ₩100,000이다. 그러나 실제 제품 단위당 판매가격, 변동 판매관리비와 고정 판매관리비는 각각 ₩956, ₩76.4과 ₩130,000이었다.

① 직접재료원가

경영자는 성과평가를 위해 조업도의 변동에 따라 조정되는 변동예산(flexible budget)을 설정한다. 즉, 예산기간 동안의 제조부문의 성과평가를 목적으로 실제 조업도를 기준으로 사후적으로 예산을 편성하게 되는데 이러한 예산을 변동예산이라고 한다. 예를 들면, 위의 〈사례 15-1〉에서 생산량 5,000단위를 기준으로 제조원가에 대한 예산을 편성하게 된다. 위의 〈사례 15-1〉에서 직접재료원가에 대한 실제원가와 변동예산간의 차이를 나타내면 다음의 〈그림 15-3〉과 같다.

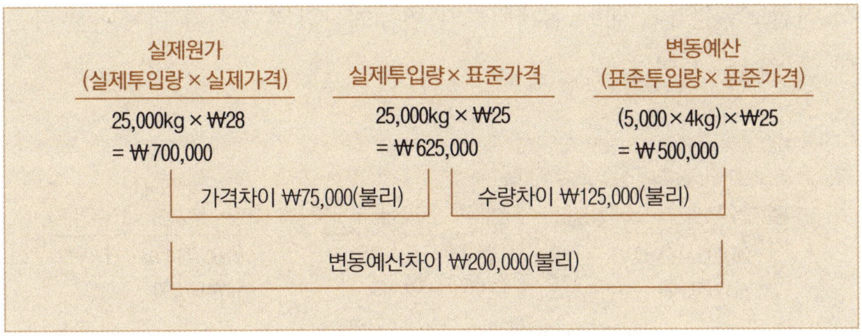

그림 15-3
직접재료원가의 변동예산 차이

〈사례 15-1〉에서 직접재료원가의 변동예산차이를 계산하면 실제원가 ₩700,000가 변동예산하의 표준원가 ₩500,000를 초과하여 불리한 차이 ₩200,000이 발생하였음을 알 수 있다. 직접재료원가의 변동예산차이는 다시 가격차이와 수량차이로 나누어지는데 가격차이는 직접재료의 실제 투입량이 일정한 경우 직접재료의 가격변동이 직접재료원가에 미치는 영향을 나타내는 것이며 수량차이는 직접재료의 가격이 표준가격일 때 직접재료의 실제 투입량과 표준투입량의 차이를 나타낸 것이다.

위의 〈사례 15-1〉에서 실제원가 ₩700,000(25,000kg × ₩28)이 실제 투입량에 근거한 표준원가 ₩625,000(25,000kg × ₩25)를 초과하여 불리한 가격차이 ₩75,000이 발생하였다. 또한 실제 투입량에 근거한 표준원가 ₩625,000(25,000kg × ₩25)이 표준 투입량에 근거한 표준원가 ₩500,000(5,000개 × 4kg × ₩25)을 초과하여 불리한 수량차이 ₩125,000이 발생하였다. 이와 같이 변동예산차이를 가격차이와 수량차이로 구분하는 이유는 경영자가 가격차이보다는 원가통제를 위해서 수량차이에 보다 집중하기 위해서이다. 왜냐하면, 가격차이는 제조부문의 노력보다는 시장 등의 외부적 요소에 의해 영향을 받는데 반해 수량차이는 제조부문의 노력에 의해 통제가 가능한 내부적 요인이기 때문이다.

② 직접노무원가

직접노무원가의 변동예산차이는 실제 발생 직접노무원가와 실제 생산량에 허용된 표준 직접노무원가간의 차이를 말한다. 위의 〈사례 15-1〉에서 직접노무원가에 대한 실제원가와 변동예산간의 차이를 나타내면 다음의 〈그림 15-4〉와 같다.

그림 15-4
직접노무원가의 변동예산 차이

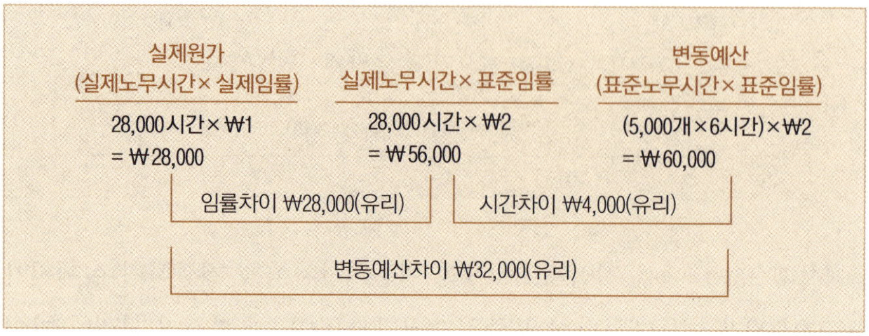

〈사례 15-1〉에서 직접노무원가의 변동예산차이를 계산하면 실제원가가 표준원가에 미달하여 유리한 차이 ₩32,000이 발생하였음을 알 수 있다. 직접노무원가의 변동예산차이는 직접노무원가의 임률차이와 시간차이로 구분된다. 직접노무원가의 임률차이는 실제 직접노무시간이 일정할 때 임률의 변동으로 인하여 직접노무원가에 미치는 영향을 나타내는 것이다. 한편, 직접노무원가의 시간차이는 임률이 표준임률로 일정할 경우 실제 직접노무시간과 실제 생산량에 허용된 표준 직접노무시간간의 차이를 나타낸다.

위의 〈사례 15-1〉에서 실제원가 ₩28,000(28,000시간×₩1)이 실제 노무시간에 근거한 표준원가 ₩56,000(28,000시간×₩2)에 미달하여 유리한 임률차이 ₩28,000이 발생하였다. 또한 실제 노무시간에 근거한 표준원가 ₩56,000(28,000시간×₩2)이 표준 노무시간에 근거한 표준원가 ₩60,000(5,000개×6시간×₩2)에 미달하여 유리한 시간차이 ₩4,000이 발생하였다.

③ 변동 제조간접원가

변동 제조간접원가의 변동예산차이는 실제 발생 변동제조원가와 실제 생산량에 허용된 표준 변동제조원가간의 차이를 말한다. 위의 〈사례 15-1〉에서 변동 제조간접원가에 대한 실제원가와 변동예산간의 차이를 나타내면 다음의 〈그림 15-5〉와 같다.

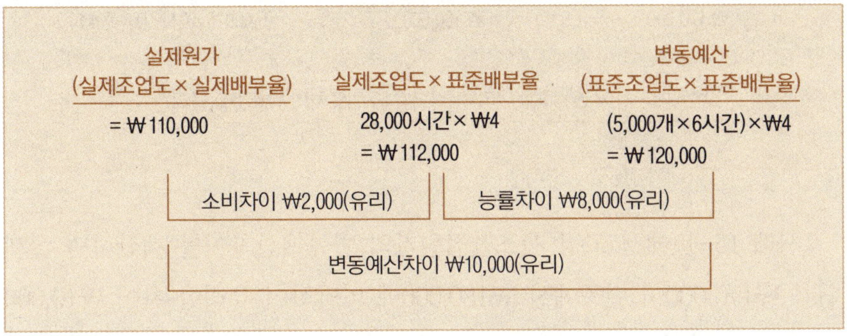

그림 15-5 변동 제조간접원가의 변동예산 차이

〈사례 15-1〉에서 변동 제조간접원가의 변동예산차이를 계산하면 실제 원가가 표준원가에 미달하여 유리한 차이 ₩10,000이 발생하였음을 알 수 있다. 변동 제조간접원가의 변동예산차이는 변동 제조간접원가의 소비차이와 능률차이로 구분된다. 변동 제조간접원가의 소비차이는 실제 조업도가 일정할 때 변동 제조간접원가배부율의 변동으로 인하여 변동 제조간접원가에 미치는 영향을 나타내는 것이다. 한편, 변동 제조간접원가의 능률차이는 변동 제조간접원가배부율이 표준 배부율로 일정할 경우 실제 조업도와 실제 생산량에 허용된 표준 조업도간의 차이를 나타낸다.

위의 〈사례 15-1〉에서 실제원가 ₩110,000이 실제 조업도에 근거한 표준원가 ₩112,000(28,000시간×₩4)에 미달하여 유리한 소비차이 ₩2,000이 발생하였다. 또한 실제 조업도에 근거한 표준원가 ₩112,000(28,000시간×₩4)이 표준 배부율에 근거한 표준원가 ₩120,000(5,000개×6시간×₩4)에 미달하여 유리한 능률차이 ₩8,000이 발생하였다.

④ 고정 제조간접원가

고정 제조간접원가의 변동예산차이는 실제 발생 고정제조간접원가와 사전에 경영자가 예산으로 설정한 고정 제조간접원가간의 차이를 말한다. 위의 〈사례 15-1〉에서 변동 제조간접원가에 대한 변동예산차이를 나타내면 다음의 〈그림 15-6〉과 같다.

그림 15-6

고정 제조간접원가의 변동예산 차이

실제원가	변동예산	표준조업도 × 표준배부율
= ₩170,000	= ₩180,000	(5,000개 × 6시간) × @4.5 = ₩135,000

변동예산차이 ₩10,000(유리) | 생산조업도차이 ₩45,000(불리)

〈사례 15-1〉에서 고정 제조간접원가의 변동예산차이를 계산하면 실제원가 ₩170,000이 변동예산 ₩180,000에 미달하여 유리한 차이 ₩10,000이 발생하였음을 알 수 있다. 고정 제조간접원가는 다른 제조원가와는 다르게 조업도(예: 생산량, 판매량 등)에 따라 변동하지 않고 예산기간동안 일정하게 발생한다. 따라서 고정 제조간접원가는 조업도에 따라 통제가 불가능하므로 실제 발생액과 사전에 경영자가 설정한 예산액을 비교하는 것이 원가통제의 목적상 적합하다. 다만, 제품의 단위당 제조원가를 산정하는 과정에서 예산으로 편성된 고정 제조간접원가는 기준 조업도로 나누어 표준 고정제조간접원가 배부율을 산정하며 이 표준배부율을 개별 제품의 단위당 제조원가에 배분하기 때문에 제품에 배부된 총 고정제조간접원가와 예산으로 편성된 고정제조간접원가간에는 아래의 〈그림 15-7〉과 같이 차이가 발생할 수 있다.

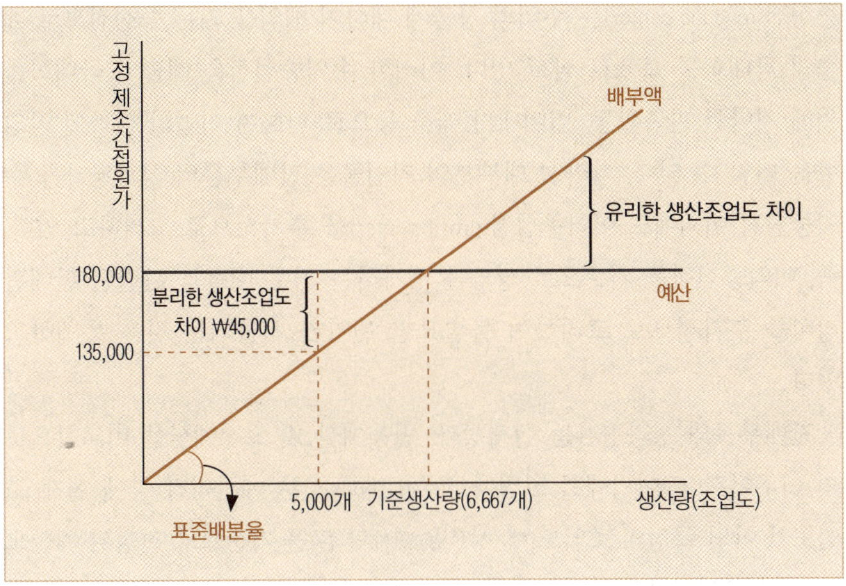

그림 15-7
고정 제조간접원가의 생산조업도 차이

위의 그림에서 제품에 배부된 총 고정제조간접원가와 예산으로 편성된 고정제조간접원가간의 차이를 생산조업도차이라고 한다. 고정제조간접원가의 배부율을 산정하기 위해 적용한 기준 생산량을 기준으로 실제 생산량이 기준 생산량보다 큰 경우에는 고정제조간접원가의 예산에 비해 개별 제품에 배부된 고정제조간접원가가 많으므로 유리한 생산조업도 차이가 발생하고 반대인 경우에는 불리한 생산조업도 차이가 발생한다. 〈사례 15-1〉에서 고정제조간접원가배부율을 산정하기 위해 사용한 기준 생산량은 6,667개(40,000시간÷6시간)이며 실제 생산량이 5,000개이므로 ₩45,000(₩180,000-5,000개×6시간×₩4.5)만큼 불리한 생산조업도 차이가 발생한다. 이러한 생산조업도차이는 고정제조간접원가를 전부원가계산하에서 개별 제품에 배부하기 때문에 발생한다. 따라서 제조부문의 원가통제라는 관점하에서는 중요한 의미를 지니지 못하여 제조부문의 성과평가시 고려되지는 않는다.

(4) 판매부문의 성과평가

판매부문은 수익 또는 이익중심점을 기준으로 성과를 평가받는다. 수익중심점(revenue center)는 수익의 창출에 대하여 책임을 지는 중심점으로 매출의 극대화를 목표로 삼고 있다. 이러한 수익중심점은 매출의 극대화를 위해 지나친 판촉활동, 밀어내기 매출 등으로 인하여 기업의 성과에 악영향을 미칠 수 있다. 따라서 대부분의 기업들은 판매부문의 성과평가를 수익중심점 이외에도 이익중심점(profit center)을 추가적으로 고려하고 있다. 즉, 이익중심점을 기준으로 성과를 평가하는 경우 매출과 관련된 판매관리비를 추가적으로 고려하여 불필요한 원가가 지출되는 것을 통제하고 있다.

판매부문의 성과평가는 실제성과, 변동예산 및 고정예산을 비교함으로써 이루어진다. 여기에서 고정예산(static budget)은 예산기간 중에 실제 조업도가 아닌 특정의 조업도(예: 생산량, 판매량 등)을 기준으로 편성된 예산으로 기업들은 일반적으로 연초에 한 번 수립한다. 예를 들어, (주)종현이 20×1년 초에 핸드폰의 생산량과 판매량을 6,000단위를 기준으로 예산을 편성하였다면 이러한 예산이 고정예산에 해당하는 것이다.

위의 〈사례 15-1〉에서 매출과 관련하여 발생하는 차이는 아래의 〈그림 15-8〉과 같이 판매가격차이와 매출조업도차이가 있다.

그림 15-8
매출 차이

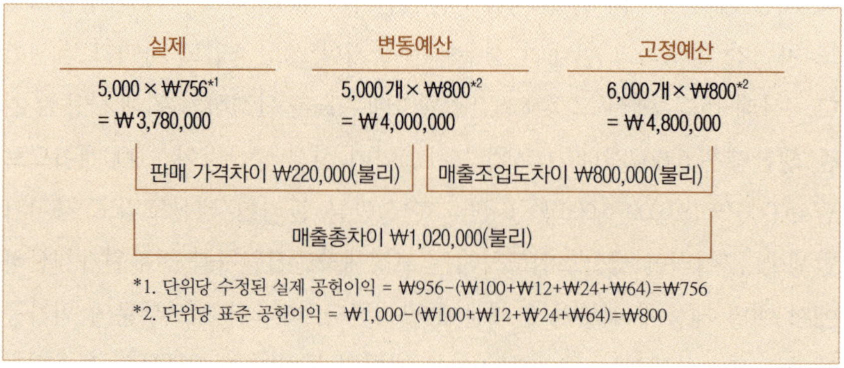

매출총차이(total sales variance)는 실제 발생한 공헌이익과 고정예산상의 공헌이익의 차이를 말한다. 여기에서 실제 발생한 공헌이익은 실제 판매량에 단위당 수정된 실제 공헌이익을 곱하여 계산한다. 단위당 수정된 실제 공헌이익은 단위당 실제 판매가격에서 단위당 표준 변동원가(직접재료원가, 직접노무원가, 변동 제조간접원가, 변동 판매관리비 등)를 차감하여 계산한다. 〈사례 15-1〉에서 단위당 수정된 실제 공헌이익은 ₩756{₩956-(₩100+₩12+₩24+₩64)}이고 단위당 표준 공헌이익은 ₩800{₩1,000-(₩100+₩12+₩24+₩64)}가 된다. 이와 같이 실제 발생한 공헌이익을 계산할 때 수정된 공헌이익을 적용하는 이유는 판매부문의 성과평가가 제조 부문의 성과에 의해 영향을 받는 것을 배제하기 위해서이다. 즉, 실제 변동원가(예: 직접 재료원가, 직접 노무원가, 변동 제조간접원가 등)에는 제조부문의 제품 생산과 관련된 효율 또는 비효율적 요소가 포함되어 있기 때문이다.

위의 〈사례 15-1〉에서 매출총차이는 실제 판매량에 근거한 수정된 실제원가 ₩3,780,000(5,000개×₩756)가 고정예산상의 공헌이익 ₩4,800,000(6,000개×₩800)보다 ₩1,020,000만큼 적어 불리한 차이가 발생했다.

한편, 매출총차이는 판매가격의 변동에 따라 변화하는 판매가격차이와 판매량의 변동에 따라 변화하는 매출조업도차이로 구분된다. 즉, 판매가격차이(selling price variance)는 제품의 실제 판매량을 근거로 실제 판매가격과 예산 판매가격간의 차이로 인하여 공헌이익이 변동하는 차이를 말한다. 이에 반해, 매출조업도차이(sale volume variance)는 실제 판매량과 고정예산에서의 예산 판매량의 차이로 인한 공헌이익간의 차이를 의미한다. 여기에서 공헌이익은 단위당 표준 공헌이익을 적용하기 때문에 매출조업도차이는 순수하게 실제 판매량과 고정예산에서의 예산 판매량의 차이만을 반영한다.

위의 〈사례 15-1〉에서 수정된 실제 공헌이익 ₩3,780,000(5,000개×₩756)이 실제 판매량에 근거한 표준 공헌이익 ₩4,000,000(5,000개×₩800)에 미달하여 불리한 판매가격차이 ₩220,000이 발생하였다. 또한 실제 판매량에 근거한 표준 공헌이익 ₩4,000,000(5,000개×₩800)이 고정예산에 근거한 표준 공헌이익 ₩4,800,000(6,000개×₩800)에 미달하여 불리한 매출조업도차이 ₩800,000이 발생하였다.

판매부문의 성과평가를 수익중심점 이외에도 이익중심점을 추가적으로 고려한다면 매출과 관련된 판매관리비에 대한 변동예산차이를 분석해야 한다. 즉, 실제 발생한 판매관리비와 변동예산에서의 판매관리비의 차이를 분석해야 한다. 위의 〈사례 15-1〉에서 실제 발생한 판매관리비는 변동 판매관리비 ₩382,000(5,000개×₩76.4)과 고정 판매관리비 ₩130,000이다. 한편, 변동예산에 의한 판매관리비는 변동 판매관리비 ₩320,000(5,000개×₩64)과 고정 판매관리비 ₩100,000이다. 따라서 아래의 〈그림 15-9〉와 같이 변동 판매관리비와 고정 판매관리비는 각각 ₩62,000과 ₩30,000만큼 불리한 변동예산차이가 발생하게 된다.

그림 15-9
판매관리비 차이

구 분	실 제	변동예산
변동판매관리비	5,000개×₩76.4 =₩382,000	5,000개×₩64 =₩320,000
	변동예산차이 ₩62,000(불리)	
고정판매관리비	=₩130,000	=₩100,000
	변동예산차이 ₩30,000(불리)	

위의 판매부문의 성과보고서를 요약하면, 판매가격 차이 ₩220,000(불리), 매출조업도 차이 ₩800,000(불리) 및 판매관리비 차이 ₩92,000(₩62,000+₩30,000)(불리)가 발생하였다. 이를 바탕으로 기업의 경영자는 판매부문의 관리자에 대한 성과평가와 이에 대한 보상을 실시할 것이다.

(5) 사업부문의 성과평가

각 사업부문은 수익, 원가뿐만 아니라 각 사업부문에 투자된 자원의 효율성에 대해서도 책임을 져야 한다. 이러한 책임중심점을 투자중심점(investment center)이라고 한다. 각 사업부문을 투자중심점에 근거하여 평가하는 경우 각 사업부의 관리자가 관리하고 있는 자산을 얼마나 효율적으로 이용하고 있는지에 대해 평가가 이루어지며, 이러한 평가지표에는 투자수익률, 잔여이익, 경제적 부가가치, 균형성과표 등이 있다. 다음의 〈사례 15-2〉을 통해 투자중심점에 따라 각 사업부문의 성과평가를 구체적으로 수행해 본다.

사례 15-2

전자제품을 생산 · 판매하는 (주)종현은 핸드폰과 반도체 사업부문으로 구성되어 있으며 이들은 각각 투자중심점으로 운영되고 있다. 아래는 각 사업부문과 관련된 자료이다.

구 분	핸드폰 사업부	반도체 사업부
영업자산	₩300,000	₩1,200,000
투하자본	300,000	600,000
매출액	1,200,000	2,400,000
영업이익	120,000	240,000
세후영업이익	96,000	192,000

① 투자수익률

투자수익률(return on investment: ROI)은 영업이익을 영업이익을 창출하기 위해 투자된 투자액, 즉 영업자산으로 나누어 구한 수익성 지표이다. 한편, 이러한 투자수익률은 매출액이익률과 자산회전율의 곱으로도 표현할 수 있다. 여기에서 매출액이익률은 매출액을 기준으로 한 수익률이므로 이익의 마진율이라고 볼 수 있으며 자산회전율은 자산이 매출을 창출하는데 얼마나 기여했는냐를 나타내는 생산성 지표라고 볼 수 있다. 이는 결국 각 사업부가 투자수익률을 극대화하기 위해서는 매출액이익률을 높이거나 자산회전율을 높여야 함을 의미하고 있다. 위와 같이 투자수익률을 매출액이익률과 자산회전율로 분해하여 분석하는 것을 듀퐁분석(Du Pont analysis)이라고 한다.

$$\text{투자수익률} = \frac{\text{영업이익}}{\text{영업자산}} = \frac{\text{영업이익}}{\text{매출액}} \times \frac{\text{매출액}}{\text{영업자산}}$$

$$= \text{매출액이익률} \times \text{자산회전율}$$

위의 〈사례 15-2〉에서 각 사업부문의 투자수익률, 매출액이익률, 자산회전율을 계산하면 다음과 같다.

사업부	투자수익률		매출액이익률		자산회전율
핸드폰	40% $(\frac{₩120,000}{₩300,000})$	=	10% $(\frac{₩120,000}{₩1,200,000})$	×	4회 $(\frac{₩1,200,000}{₩300,000})$
반도체	20% $(\frac{₩240,000}{₩1,200,000})$	=	10% $(\frac{₩240,000}{₩2,400,000})$	×	2회 $(\frac{₩2,400,000}{₩1,200,000})$

〈사례 15-2〉에서 핸드폰과 반도체 사업부문의 매출액이익률은 모두 10%로 동일하지만 자산회전율은 각각 4회와 2회로 차이를 보이고 있다. 또한 핸드폰과 반도체 사업부문의 투자수익률은 각각 40%와 20%로 계산된다. 따라서 투자수익률은 핸드폰 사업부문이 반도체 사업부문보다 더 크므로 핸드폰 사업부문의 성과가 반도체 사업부문보다 더 좋다고 말할 수 있다.

이러한 투자수익률은 영업이익을 창출한 투자액을 고려하였기 때문에 투자의 규모가 이익에 미치는 영향을 적절히 반영한 방법이다. 그러나 각 사업부문의 위험이 다른 경우에 투자수익률을 적용하는데 한계가 있으며 회사 전체적으로 장래에 유리한 투자안이라도 현재의 투자수익률이 낮은 경우에 기각할 오류(준최적화 현상)가 존재할 수 있다.

② 잔여이익

잔여이익(residual income)은 영업이익에서 영업이익을 창출하기 위해 투자된 영업자산의 자본비용을 차감하여 계산한다.

잔여이익 = 영업이익 − 영업자산×요구수익률

잔여이익을 계산하기 위해서는 각 사업부문의 요구수익률을 계산해야 하는데, 이는 투자중심점의 위험이 반영된 후의 수익률이다. 위의 〈사례 15-2〉에서 요구수익률이 10%인 경우 각 사업부문의 잔여이익을 계산하면 다음과 같다.

사업부	영업이익	−	영업자산×요구수이익률	=	잔여이익
핸드폰	₩120,000	−	₩300,000×10%	=	₩90,000
반도체	240,000	−	1,200,000×10%	=	120,000

〈사례 15-2〉에서 잔여이익은 반도체 사업부문이 핸드폰 사업부문에 비해 더 크므로 반도체 사업부문의 성과가 핸드폰 사업부문보다 더 좋다고 말할 수 있다. 잔여이익에 의해 사업부문을 평가하면 기존의 사업부문의 투자수익률보다 낮은 수익률을 갖는 투자안도 요구수익률보다 크다면 투자안을 수락하여 회사 전체적으로 최적의 의사결정이 가능해 진다. 또한 요구수익률에는 각 사업부문의 위험이 포함되어 있기 때문에 보다 의미 있는 성과평가가 가능해 진다. 그러나 투자규모가 상이한 투자안을 비교하는 경우에 한계가 있다. 즉, 투자수익률이 동일하더라도 투자규모가 더 큰 투자안이 상대적으로 양호한 평가를 받을 수 있는 모순이 존재할 수 있다.

③ 경제적 부가가치

경제적 부가가치(economic value added: EVA)는 기업이 영업활동을 통해 창출한 순가치의 증가분으로 세후영업이익에서 투하자본에 대한 자본비용을 차감하여 산정한다.

경제적 부가가치 = 세후영업이익 − 투하자본×가중평균자본비용

위의 식에서 투하자본은 채권자와 주주가 기업에 투자한 자원으로 이자 미발생 부채 등 자본비용이 발생하지 않는 부채를 제외한다. 여기에서 자기자본, 부채, 이자 미발생 부채 등은 장부금액으로 계산한다.

투하자본 = 자기자본 + 부채 − 이자 미발생 부채

또한 가중평균자본비용(weighted average cost of capital: WACC)은 기업이 영업활동을 수행하기 위해 조달한 자본에 대한 비용으로 자기자본과 부채의 자본비용을 아래와 같이 가중평균하여 계산한다.

$$\text{WACC} = \text{자기자본비용} \times \frac{\text{자기자본(시가)}}{\text{자기자본(시가)}+\text{부채(시가)}} + \text{이자비용} \times (1-\text{세율}) \frac{\text{부채(시가)}}{\text{자기자본(시가)}+\text{부채(시가)}}$$

위의 식에서 알 수 있듯이 가중평균자본비용은 투하자본과는 달리 장부금액이 아니라 시가를 기준으로 가중평균하며 부채의 자본비용은 법인세를 고려한 세후 자본비용을 적용한다는 점에 유의를 해야 한다. 위의 〈사례 15-2〉에서 가중평균자본비용이 10%인 경우 각 사업부문의 경제적 부가가치를 계산하면 다음과 같다.

사업부	세후영업이익	−	투하자본×WACC	=	경제적 부가가치
핸드폰	₩96,000	−	₩300,000×10%	=	₩66,000
반도체	192,000	−	600,000×10%	=	132,000

〈사례 15-2〉에서 경제적 부가가치는 반도체 사업부문이 핸드폰 사업부문에 비해 더 크므로 반도체 사업부문의 성과가 핸드폰 사업부문보다 더 좋다고 말할 수 있다. 경제적 부가가치는 자기자본비용도 고려하므로 기

업의 경영성과를 보다 정확히 측정할 수 있다. 또한 경제적 부가가치는 실질적으로 증가된 기업의 가치를 의미하므로 경영자와 주주간의 이해관계가 일치한다. 그러나 경제적 부가가치는 투하자본과 가중평균자본비용을 계산하는 과정이 복잡하며 규모가 큰 사업부문이 상대적으로 유리한 성과평가를 받는 문제점도 존재한다.

④ 균형성과표

기업들이 사용한 전통적인 성과평가는 재무적 지표에 많이 의존하고 있다. 예들 들면, 원가, 매출, 이익, 투자수익률, 경제적 부가가치 등이 모두 재무적 지표이다. 그런데 이러한 전통적인 성과평가제도는 다음과 같은 문제점을 지닐 수 있다. 첫째, 재무적 지표들은 대부분 결과 지향적이며 성과평가와 보상이 단기적인 경영성과에 치중하고 있다. 따라서 전통적인 성과평가는 결과에 대한 업적평가만을 중시할 뿐 기업의 장기적인 방향제시가 없다. 둘째, 전통적인 성과평가는 기업의 수익과 가장 관련성이 높은 고객과의 관계를 고려하지 않으며 미래 수익창출의 잠재성이 충분한 자산가치(예: 무형자산, 지식자산 등)를 적절하게 반영하지 못한다. 셋째, 재무적 지표는 추상적인 회계수치이므로 생산 현장에 있는 관리자가 이해하기 어려우며 기업의 내부 부문간에 의사소통하는데 문제가 있을 수 있다.

이러한 재무적 지표만을 이용한 전통적 성과평가방법의 문제점으로 인하여 기업의 성과를 재무적 지표뿐만 아니라 비재무적 지표를 균형적으로 평가할 수 있는 새로운 성과평가제도가 균형성과표(balanced score card: BSC)이다. 균형성과표는 기업의 전략적 목표를 아래의 〈그림 15-10〉과 같이 재무, 고객, 내부프로세스, 학습과 성장 등 네 가지 관점으로 나누어 성과를 측정하는 것이다.

그림 15-10
균형성과표의 네 가지 관점

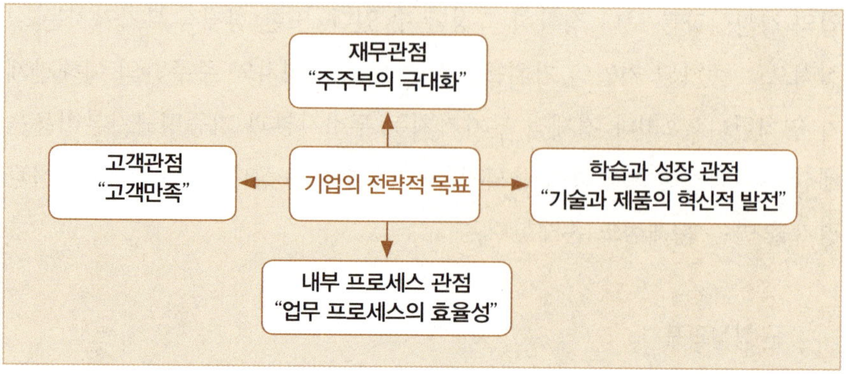

재무관점(financial perspective)은 주주의 부를 극대화하고자 기업의 전략을 실행하는 것이며 이익, 수익률 등과 같은 재무적 성과가 얼마나 개선되었는지를 측정한다. 재무관점의 성과측정지표로는 영업이익, 투자수익률, 잔여이익, 경제적 부가가치 등이 있으며 재무관점하의 기업의 목표는 재무성과의 향상이라고 볼 수 있다.

고객관점(customer perspective)은 고객만족의 극대화를 목표로 고객과 관련된 성과가 얼마나 개선되었는지를 측정한다. 예를 들면, 기업들은 고객만족도, 기존고객유지율, 신규고객확보율, 반복 구매율 등을 측정하여 고객 및 시장과 관련된 전략수립에 이용한다.

내부프로세스관점(internal process perspective)은 고객과 주주를 만족시키기 위해서 기업의 내부프로세스가 얼마나 효율적으로 운영되고 있는가를 측정하는 것이다. 즉, 고객의 욕구를 충족시킬 수 있는 제품이나 서비스를 생산해야 하며 고객에게 기업의 제품이나 서비스를 좋은 품질로 신속히 전달해야 한다. 또한 고객에게 제품이나 서비스를 판매한 이후에 적절하게 사후적인 품질보증서비스나 기술지원을 제공해야 한다. 이러한 내부프로세스관점의 성과측정지표는 제품의 수, 제품의 개발기간, 제품의 수익률, 고객대응시간, 불량률, 수선요청건수, 불량건수 등이 있다.

학습과 성장관점(learning and growth perspective)은 기업의 전략적 목표를 달성하기 위해 기업이 얼마나 기술 및 제품의 혁신적인 발전을 추구하였는지를 측정하는 것이다. 즉, 기업의 장기적인 성장과 발전을 위해 인적자원을 적절하게 훈련시켜야 하며 기업의 정보시스템을 강화하고 조직의 절차가 기업의 전략적 목표에 부합하도록 계획되고 실행되어야 한다. 이러한 학습과 성장관점의 성과측정지표는 종업원의 교육수준, 만족도, 이직률, 종업원 당 컴퓨터 수, 종업원에 대한 보상정도 등이 있다.

위와 같은 균형성과표는 기업의 전략적 목표를 구체화시키고 공동의 목표를 달성할 수 있도록 기업내 조직 간의 의사소통을 강조하고 있다. 즉, 기존 전통적 방법의 통제시스템과는 다르게 조직 간의 정보공유를 통한 의사소통, 합의와 팀웍을 중시하고 있다. 그러나 균형성과표라도 모든 기업에 공통적으로 적용되는 성과지표는 존재하지 않으며 비재무적 성과가 재무적 성과로 이어지는 데는 상당한 기간이 필요하기 때문에 기업의 전략적 목표를 달성하기 위하여 기업 전 조직원들이 적극적으로 동참하겠다는 의지가 필요하다.

종합예제

㈜대한은 자동차를 생산하는 회사로서 표준원가시스템을 이용하여 제품원가계산을 하고 있다. 다음의 제조관련자료를 이용하여 [요구사항]에 답하시오.

(1) 단위당 표준원가(직접재료비, 직접노무비)

직접재료비(50kg, @0.4)	₩20
직접노무비(3시간, @10)	₩30

(2) 당기 실제발생원가(직접재료비, 직접노무비)

• 원재료

기초재고	10,000kg
당기매입	50,000kg(구입가격 @0.39)
기말재고	4,000kg

• 직접노무비

직접노동시간	3,500시간(임률 @11)

(3) 회사는 당기에 1,200단위의 제품을 생산하였으며 기초 및 기말재공품은 없다.

요구사항

1. 직접재료비 가격차이와 능률차이를 계산하시오(단, 원재료계정은 표준원가로 기록한다).
2. 직접노무비 임률차이와 능률차이를 계산하시오.
3. 다음의 자료를 이용하여 제조간접비의 차이를 분석하시오(단, 4분법을 적용한다).

(1) 제조간접비 예산자료(기준조업도는 4,000 직접노동시간이다)

조업도(노동시간)	3,000시간	4,000시간
제조간접비예산액	₩140,000	₩160,000

(2) 당기 실제발생 제조간접비

변동제조간접비	₩85,000
고정제조간접비	100,000

4. 조업도 차이가 발생하는 이유에 대해 설명하고 이러한 조업도차이는 원가통제관점에서 어떠한 의미를 가지는지 설명하시오.

해답

1. 직접재료비 가격차이, 능률차이

AQ`×AP	AQ`×SP
50,000kg×@0.39	50,000kg×@0.4
= ₩19,500	= ₩20,000

구입가격차이 ₩500F

AQ×SP	SQ×SP
56,000kg×@0.4	(1,200단위×50kg)×@0.4
= ₩22,400	= ₩24,000

능률차이 ₩1,600F

2. 직접노무비 임률차이, 능률차이

AQ×AP	AQ×SP	SQ×SP
3,500시간×@11	3,500시간×@10	(1,200단위×3시간)×@10
= ₩38,500	= ₩35,000	= ₩36,000

임률차이 ₩3,500U

능률차이 ₩1,000F

3. 제조간접비 차이분석

(1) 변동제조간접비

AQ×AP	AQ×SP	SQ×SP
	3,500시간×@20*	(1,200단위×3시간)×@20*
= ₩85,000	= ₩70,000	= ₩72,000

소비차이 ₩15,000U

능률차이 ₩2,000F

* 조업도 단위당 변동제조간접비 표준배부율 : (₩160,000−140,000) ÷ (4,000시간−3,000시간) = @20

(2) 고정제조간접비

실 제	예 산	배부액(SQ×SP) (1,200단위×3시간)×@20[*2]
= ₩100,000	= ₩80,000[*1]	= ₩72,000

예산차이 ₩20,000U　　　　조업도차이 ₩8,000F

*1. 고정제조간접비예산 : ₩140,000 − 3,000시간 × @20 = ₩80,000

2. 조업도 단위당 고정제조간접비 표준배부율 : 고정제조간접비예산 ÷ 기준조업도

= ₩80,000 ÷ 4,000시간

= @20

4. 조업도차이가 발생하는 이유

조업도차이는 기준조업도와 실제생산량에 허용된 표준조업도와의 차이에 의해서 발생한다. 즉, 고정제조간접비 자체의 통제가 잘못되어서 발생하는 것이 아니라 생산량(조업도)의 부정확한 예측에 기인하는 것으로서 원가통제 관점상 중요한 의미를 갖지 못한다.

16 대체가격결정

(1) 의의

기업의 규모가 커짐에 따라 기업들은 업무의 효율성을 높이기 위해 가능한 한 기업의 기능들을 분권화하는 경향이 있다. 분권화는 기업 내의 기능들을 몇 개의 독립적인 사업부문으로 나누어 각 사업부문들이 제조, 판매, 관리 등의 업무를 독자적으로 수행하여 자체적으로 경영이 가능하도록 하는 것이다. 이렇게 분권화된 각 사업부문간에는 재화와 용역이 빈번하게 이전되는데 이를 내부대체(internal transfer)라고 한다. 예를 들면, 아래 〈그림 16-1〉과 같이 전자회사의 사업부문이 반도체와 핸드폰 사업부문으로 분권화되어 있는 경우에 핸드폰 사업부문은 핸드폰에 들어갈 반도체를 외부에서 구입할 수도 있지만 사내의 반도체 사업부문에서 공급받을 수 있다. 한편, 반도체 사업부문도 반도체를 핸드폰 사업부문에 공급할 수도 있지만 외부 구매자에게 판매할 수도 있다. 이 때 재화나 용역이 이전되는 가격을 대체가격(transfer price : TP)이라고 한다.

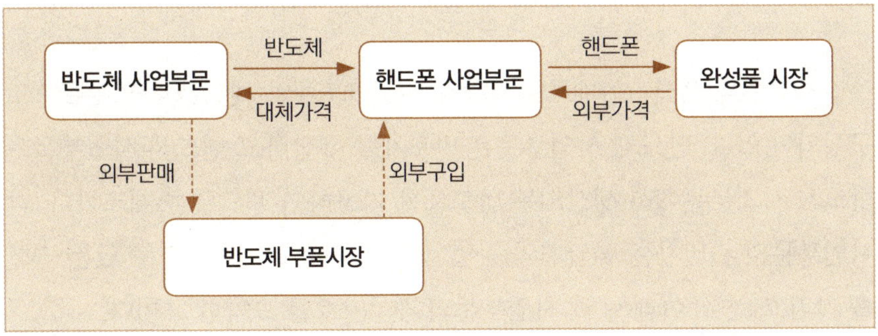

그림 16-1
내부대체의 흐름

기업의 전체적인 입장에서 볼 때 내부 이전으로 인한 대체가격은 얼마가 되든지 아무런 문제가 되지 않는다. 왜냐하면, 재화나 용역을 공급하는 사업부문의 대체가격은 공급사업부문의 수익이지만 구매사업부문의 매입원가가 되어 기업의 전체적인 관점에서 볼 때는 손익이 발생하지 않기 때문이다. 그러나 각 사업부문의 성과평가측면에서 볼 때는 대체가격의 결정은 매우 중요한 문제가 될 수 있다. 일반적으로 기업내의 분권화된 사업부문들은 이익중심점 또는 투자중심점을 기준으로 성과평가를 받게 된다. 따라서 재화나 용역을 공급하는 공급사업부문은 가능한 한 대체가격을 높게 책정하려 할 것이고 구매사업부문은 가능하다면 대체가격을 낮게 설정할 것이다. 만약, 내부적으로 대체거래가 이루어지는 재화나 용역이 외부시장에서 구입되거나 판매가 가능한 경우 각 부문의 관리자들은 각 사업부문의 이익을 극대화하고자 내부대체를 하지 않고 외부 구입(또는 외부 판매)을 할 가능성이 있다. 이 경우 기업전체의 이익은 내부대체를 하느냐 아니면 외부구입을 하느냐에 따라 달라질 수 있다. 따라서 대체가격을 결정하는 것은 각 개별 사업부문뿐만 아니라 기업전체적인 관점에서도 중요한 문제가 될 수 있다.

대체가격을 결정하는 문제는 매우 어렵지만, 일반적으로 각 사업부문의 자체적인 목표뿐만 아니라 기업전체의 목표를 달성할 수 있는 방향으로 결정되어야 한다. 또한 결정된 대체가격이 각 사업부문의 경영성과를 공정하게 평가하는데 유용한 도구가 되어야 한다. 다음의 〈사례 16-1〉을 통해 구매사업부문과 공급사업부문이 내부거래를 위한 대체가격을 어떻게 결정하는지를 살펴보고자 한다.

전자제품을 생산 · 판매하는 (주)하나는 반도체와 핸드폰 사업부문으로 구성되어 있다. 반도체 사업부문은 반도체를 생산하고 핸드폰 사업부문은 반도체 사업부문에서 생산되는 반도체를 가공하여 핸드폰을 제조한다. 각 사업부문의 관리자는 공급처와 구입처를 자율적으로 결정할 수 있는 권한을 가지고 있다. 아래는 각 사업부문의 재무자료를 요약한 표이다.

반도체 사업부문	금액	핸드폰 사업부문	금액
단위당 외부판매가격	₩2,000	단위당 판매가격	₩2,000
단위당 변동 제조원가	1,000	추가완성원가	1,100
단위당 변동 판매관리비	100	연간 필요한 반도체의 수량	1,000개
단위당 고정원가	50		
연간 최대생산능력	10,000개		

(2) 구매사업부문의 최대 대체가격

〈사례 16-1〉에서 반도체에 대한 외부시장이 존재할 경우, 핸드폰 사업부문의 입장에서 반도체의 내부대체로 인한 기회비용은 반도체의 외부구입가격일 것이다. 왜냐하면, 핸드폰 사업부문은 반도체를 반도체 사업부문으로부터 내부대체를 통해 조달할 경우 외부시장에서 반도체를 구입할 기회를 포기해야 하기 때문이다. 따라서 핸드폰 사업부문의 관리자는 반도체의 대체가격으로 외부구입가격 이상으로는 지급하지 않을 것이다. 또한 핸드폰 사업부문은 동 사업부문의 이익실현을 위해 반도체를 내부대체를 통해 조달하든지 아니면 외부시장에서 구입하든지에 상관없이 핸드폰의 예상판매가격에서 추가완성원가와 판매비용을 차감한 원가 이상으로 반도체의 가격을 지급하지 않을 것이다. 따라서 핸드폰 사업부문에서 결정된 반도체의 최대 대체가격은 다음과 같이 설정된다.

$$\text{최대 대체가격} = \text{MIN}\left[\begin{matrix}\text{단위당}\\\text{외부구입가격}\end{matrix},\ \begin{matrix}\text{제품의}\\\text{예상판매가격}\end{matrix} - \begin{matrix}\text{추가}\\\text{완성원가}\end{matrix} - \begin{matrix}\text{판매}\\\text{비용}\end{matrix}\right]$$

만약, 위의 〈사례 16-1〉에서 반도체 사업부문에서 생산되는 반도체의 외부시장가격이 단위당 ₩700이고 판매비용이 없다면 핸드폰 사업부문의 최대대체가격은 ₩700{Min[₩700, ₩2,000-₩1,100]}으로 결정된다. 한편, 반도체의 외부시장가격이 단위당 ₩1,000이고 판매비용이 없다면 핸드폰 사업부문의 최대대체가격은 ₩900{Min[₩1,000, ₩2,000-₩1,100]}으로 결정된다.

(3) 공급사업부문의 최소 대체가격

반도체의 외부시장이 존재하는 경우 반도체 사업부문이 반도체를 핸드폰 사업부문에 공급할 때 내부대체로 인한 기회비용은 반도체의 외부판매가격이 될 것이다. 왜냐하면, 반도체 사업부문은 반도체를 핸드폰 사업부문에 공급할 경우 외부시장에 반도체를 판매할 기회를 포기하였기 때문이다. 따라서 반도체 사업부문은 반도체를 외부판매가격 이하로는 공급하지 않을 것이다.

그런데, 만약 반도체 사업부문의 생산능력이 충분하다면 반도체를 내부대체 하더라도 외부판매기회를 포기하지 않아도 될 것이다. 따라서 반도체의 대체가격을 통해 최소한 반도체의 내부대체로 인한 증분원가를 회수할 수 있다면 반도체 사업부문에서는 반도체의 내부대체를 수용할 것이다. 따라서 반도체 사업부문에서 결정된 반도체의 최소 대체가격은 다음과 같이 설정된다.

최소 대체가격 = 단위당 변동원가 + 대체시 단위당 기회비용

위의 식에서 내부대체시 단위당 기회비용은 반도체 사업부문이 내부대체에 따라 포기한 외부판매의 총공헌이익을 내부대체된 반도체의 수량으로 나눈 값이다. 만약, 위의 〈사례 16-1〉에서 반도체 사업부문에서 생산되는 반도체의 외부시장수요가 7,000개인 경우 반도체 사업부문의 최소대체가격은 ₩1,100(단위당 변동제조원가 ₩1,000+단위당 변동판매관리비 ₩100)이 된다. 왜냐하면, 핸드폰 사업부문의 연간 최대생산능력 10,000개 보다 필요로 하는 반도체의 수량 7,000개(외부시장수요 6,000개+내부대체수량 1,000개)가 적어 반도체 사업부문의 입장에서 기회비용이 발생하지 않기 때문이다.

그런데, 위의 〈사례 16-1〉에서 반도체 사업부문에서 생산되는 반도체의 외부시장수요가 9,500개인 경우 반도체 사업부문의 최소대체가격은

₩1,550(단위당 변동원가 ₩1,100+ 단위당 기회비용 ₩450)이 된다. 왜냐하면, 핸드폰 사업부문이 필요로 하는 반도체의 수량 11,500개(외부시장수량 9,500개+내부대체수량 1,000개)가 반도체 사업부문 연간 최대생산능력(10,000개)보다 크므로 반도체 사업부문은 반도체의 외부판매 500개를 줄여야 하는 기회비용 ₩450(500단위×{₩2,000-₩1,100}÷1,000단위)이 발생하기 때문이다.

(4) 기업 전체의 목표일치성

반도체의 사업부문은 반도체의 가격을 가능한 높여 핸드폰 사업부문에 제공할 것이기 때문에 핸드폰 사업부문에 최소대체가격 이상을 요구할 것이다. 한편, 핸드폰 사업부문은 반도체의 가격을 가능한 낮추어 반도체 사업부문으로부터 반도체를 공급받을 것이기 때문에 반도체 사업부분에 최대대체가격 이하를 요구할 것이다. 따라서 반도체 사업부문의 최소대체가격이 핸드폰 사업부문의 최대대체가격보다 낮다면 아래의 〈그림 16-2〉와 같은 각 사업부문이 수용할 수 있는 대체가격이 존재할 것이다.

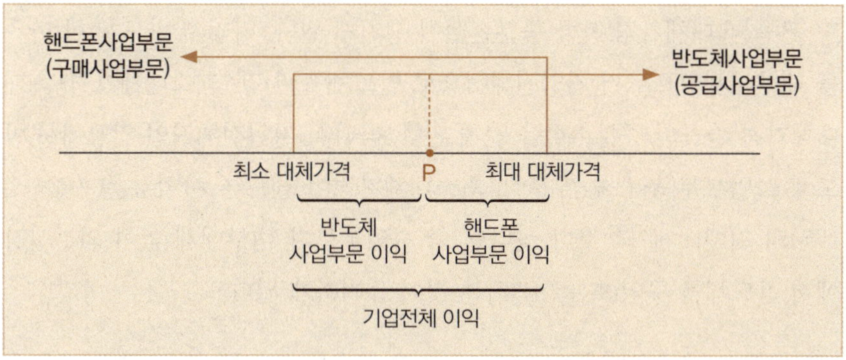

그림 16-2
수용가능한 대체가격

위와 같은 상황에서 만약 반도체의 대체가격이 P로 결정되었다면 반도체 사업부문은 반도체 단위당 'P-최소대체가격'만큼의 반도체 내부대체로 인한 증분이익이 발생하게 된다. 한편, 핸드폰 사업부문도 반도체 단위당 '최대대체가격-P'만큼 내부대체로 인한 증분이익이 생기게 된다. 따라서 반도체 한 단위를 내부대체함으로써 기업전체적으로 반도체 단위당 '최대대체가격-최소대체가격' 만큼의 증분이익을 얻게 된다.

그러나 반도체 사업부문의 최소대체가격이 핸드폰 사업부문의 최대대체가격보다 높다면 아래의 〈그림 16-3〉과 같은 각 사업부문이 수용할 수 있는 대체가격이 존재하지 않는다.

그림 16-3

수용가능하지 않는 대체가격

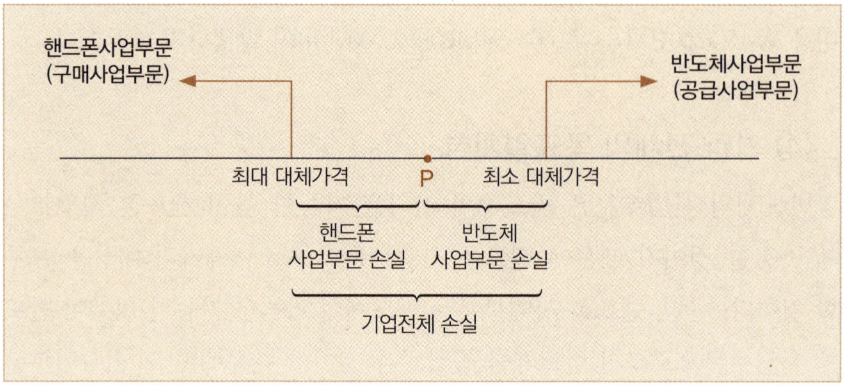

위와 같은 상황에서 만약 반도체의 대체가격이 P로 결정되었다면 반도체 사업부문은 반도체의 내부대체로 인하여 반도체 단위당 '최소대체가격-P'만큼의 증분손실이 발생하게 되고 핸드폰 사업부문도 반도체 단위당 'P-최대대체가격'만큼 증분손실이 생기게 된다. 따라서 반도체 한 단위를 내부대체함으로써 기업전체적으로 반도체 단위당 '최소대체가격-최대대체가격'만큼의 증분손실을 얻게 된다. 따라서 기업전체적인 입장에서 반도체 사업부문(공급 사업부문)의 최소대체가격이 핸드폰 사업부문(구매 사업부문)의 최대대체가격보다 높다면 각 사업부문간 내부대체 없이 외부시장에서 반도체를 구입(또는 판매)하는 것이 유리하게 된다.

찾아보기

ㄱ

ㄴ

ㄷ

ㅇ

ㅈ

문두철

학력 한양대학교 경영학과, 경영학 학사
한양대학교 대학원, 경영학 석사
University of Wisconsin, 경영학 석사
City University of New York, 경영학 박사

경력 Baruch College, 전임강사
State University of New York, 조교수, 부교수

연구 The Accounting Review, Review of Accounting Studies, Journal of Accounting and Public policy, Journal of Business Finance and Accounting, 회계학연구, 회계저널, 세무와 회계저널 등 다수 논문

(현) 연세대학교 경영대학 교수
회계학연구 편집위원
한국회계학회 상임이사
금융감독원 회계제도실 자문교수

박우진

학력 연세대학교 산업시스템공학사
연세대학교 대학원 경영학 석사
연세대학교 대학원 경영학 박사

경력 한국개발연구원(KDI) 연구원
E&Y한영회계법인 세무본부

(현) 공인회계사, 세무사
연세대학교 정경대학 조교수
강원도 지방세 심의위원회 위원, 재정운영위원회 위원

문두철

학력 한양대학교 경영학과, 경영학 학사
한양대학교 대학원, 경영학 석사
University of Wisconsin, 경영학 석사
City University of New York, 경영학 박사

경력 Baruch College, 전임강사
State University of New York, 조교수, 부교수

연구 The Accounting Review, Review of Accounting Studies, Journal of Accounting and Public policy, Journal of Business Finance and Accounting, 회계학연구, 회계저널, 세무와 회계저널 등 다수 논문

(현) 연세대학교 경영대학 교수
회계학연구 편집위원
한국회계학회 상임이사
금융감독원 회계제도실 자문교수

박우진

학력 연세대학교 산업시스템공학사
연세대학교 대학원 경영학 석사
연세대학교 대학원 경영학 박사

경력 한국개발연구원(KDI) 연구원
E&Y한영회계법인 세무본부

(현) 공인회계사, 세무사
연세대학교 정경대학 부교수
강원도 지방세 심의위원회 위원, 재정운영위원회 위원

회계 · 세무 힐링 시리즈 ②

관리회계의 이해 값17,000원

2014년 6월 28일 초판 발행
2016년 2월 15일 제2판 발행
2017년 10월 30일 제3판 발행

지은이 문두철·박우진
발행인 리 재 영
발행처 新論社
등록번호 제10-308호(1989.3.4)

판매처 새문사
등록번호 제1-273호(1977.9.19)

주소 : 서울시 마포구 대흥로6길 6-12
전화 : (02)715-7232(代), 717-7235, Fax : (02)715-7235
E-mail : sinlon@saemoon.co.kr
website : www.saemoonbook.com
ISBN : 978-89-7411-512-8 93320